Maria Montessori schreibt ihrem Vater
Briefe aus Kalifornien, 1915

Herausgegeben im Auftrag
der Deutschen Montessori-Gesellschaft e.V.
von
Ela Eckert und Malve Fehrer

LIT

Maria Montessori
schreibt ihrem Vater

Briefe aus Kalifornien, 1915

Übersetzung des italienischen Originaltexts ins Englische
und Einführung
Carolina Montessori

Übersetzung aus dem Englischen ins Deutsche
Ulrike Hammer

LIT

Umschlagbilder:
vorne: Landkarte 1915
hinten: Maria Montessori (1915) (© Montessori Estate)

Übersetzung des italienischen Orginaltextes von Maria Montessori
(1915) ins Englische von Carolina Montessori (2015)
Copyright © Montessori-Pierson Publishing Company, 2015
Copyright der deutschen Übersetzung © The Montessori-Pierson
Publishing Company, 2020

Gedruckt auf alterungsbeständigem Werkdruckpapier entsprechend
ANSI Z3948   DIN ISO 9706

Bibliografische Information der Deutschen Nationalbibliothek
Die Deutsche Nationalbibliothek verzeichnet diese Publikation in der
Deutschen Nationalbibliografie; detaillierte bibliografische Daten sind
im Internet über http://dnb.dnb.de abrufbar.

ISBN 978-3-643-14013-5 (br.)
ISBN 978-3-643-34013-9 (PDF)

© LIT VERLAG Dr. W. Hopf Berlin 2020
Verlagskontakt:
Fresnostr. 2   D-48159 Münster
Tel. +49 (0) 2 51-62 03 20
E-Mail: lit@lit-verlag.de   http://www.lit-verlag.de

Auslieferung:
Deutschland: LIT Verlag, Fresnostr. 2, D-48159 Münster
Tel. +49 (0) 2 51-620 32 22, E-Mail: vertrieb@lit-verlag.de

Vorwort

Vor zwei Jahren trafen die Urenkel von Maria Montessori die Entscheidung, Schriftstücke aus dem privaten Montessori-Archiv zu veröffentlichen. Die erste der Publikationen war *Maria Montessori Sails to America* (dt. *Maria Montessori auf der Reise nach Amerika*[1]). Es handelt sich um die Übersetzung eines Tagebuches ins Englische, das Montessori 1913 während ihrer Atlantik-Reise von Neapel nach New York führte. In New York sollte sie dann vor einem erwartungsvollen und sehr enthusiastischen amerikanischen Publikum Vorträge halten. Das Tagebuch erwies sich als ein kleines Juwel, das sehr sensible Einblicke in ihre Gefühle und Interessen als Mutter, Wissenschaftlerin und bekannte Person in der Öffentlichkeit gewährte.

Die vielen zustimmenden Reaktionen auf dieses Buch haben uns dazu ermutigt, in ihrem Archiv nach weiteren Dokumenten zu suchen, die dabei helfen könnten, Montessori als Mensch besser kennenzulernen. Die Briefe in dieser Ausgabe, die sie 1915 während der acht Monate in Kalifornien an ihren Vater schrieb, belegen Montessoris große Qualität als Beobachterin. Während ihres Medizinstudiums hatte sie gelernt, genau hinzusehen, ein Ansatz, der zu einem Gütesiegel ihrer Arbeit mit Kindern werden sollte. Ihr scharfer Blick auf Details, kombiniert mit ausgeschmückten

---

1 *Deutschsprachige Ausgabe: Maria Montessori auf der Reise nach Amerika. Ein privates Tagebuch, 1913. Herausgegeben im Auftrag der Deutschen Montessori Gesellschaft e.V.*, LIT *Verlag 2019*

Schilderungen, offenbart eine spontane Persönlichkeit, die von dem, was sie sah und erlebte, begeistert war. Gleichzeitig ist in den Briefen die liebende und besorgte Tochter Maria Montessori zu entdecken. Sie berichtet ihrem Vater von Festen, Empfängen und Abendessen, die zur Feier ihrer Ankunft gegeben wurden. Ausführlich schreibt sie von allem, was sie erlebte. Sie verfasst glückliche Briefe über ihre Erfolge, wie sie lebte, was sie tat, über die neuen Dinge, die sie sah, und das Ganze immer wieder durchsetzt mit kleinen Scherzen. Im Jahre 1915 war Amerika auch tatsächlich die Neue Welt: Elektrizität, Stummfilme, Automobile, Flugzeuge, Wolkenkratzer, Schreibmaschinen und so weiter. Montessori erfreute sich an all diesen neuen Erfindungen und bewunderte sie. Besonders war sie an den Möglichkeiten des Films interessiert. In ihrer Schule in Rom hatte sie bereits 1913 selbst Filme gedreht, die sie auch nach Amerika mitnahm. Leider sind diese Filme nicht mehr aufzufinden.

Ihre Briefe sprühen vor Begeisterung über alles, was sie sah und tat. Ohne Zurückhaltung ließ sie ihren Vater an ihrem Erfolg teilhaben, denn sie wusste, wie sehr ihn ihre Errungenschaften und Abenteuer erfreuen würden. Sie versuchte, ihren lieben Papa zu unterhalten und aufzuheitern. Er war damals bereits ein älterer, gebrechlicher Mann und wurde von einer Gruppe treuer Mitarbeiter und Freunden der Montessoris in Italien umsorgt.

Montessoris Rückkehr nach Amerika hängt unmittelbar mit ihrer Reise zwei Jahren zuvor zusammen. 1913 hatte sie bei ihrem Aufenthalt ziemlich viel Aufsehen erregt, was zu einem ständig wachsenden Interesse an ihren pädagogischen Ideen führte. Ihre Anhänger drängten sie damals, so schnell wie möglich wieder nach Amerika zu kommen, um Ausbildungskurse für Lehrer zu leiten. Die Nachfrage war dermaßen groß, dass einige Personen begannen, nicht-autorisierte Kurse zu veranstalten, von denen man befürchtete, dass sie die Montessori-Methode in ein schlechtes Licht rücken könnten.

Im Jahre 1914 hatte es eine hektische Korrespondenz zwischen verschiedenen amerikanischen Fraktionen der Anhängerschaft ihrer Lehre und Montessori gegeben. Oft enthielten die Briefe widersprüchliche und verwirrende Aussagen, mit denen die Gruppen die Motive der jeweils anderen in Zweifel zogen. So wurde Montessori geraten, Sam McClure nicht zu trauen. Das ist der Mann, der sehr viel dafür getan hatte, sie in Amerika einzuführen. Er hatte 1913 Montessoris erfolgreiche Reise organisiert. Miss Anne George, eine ihrer ersten Studentinnen, gab in Washington Ausbildungskurse ohne Montessoris Erlaubnis. Einige bedrängten Montessori, Kurse an einer Universität abzuhalten, während andere der Meinung waren, Kurse an einer Pädagogischen Hochschule oder besser noch an einer privaten Institution einzuführen. Ganz offensichtlich sei Washington D.C. ein weitaus günstigerer Ort für eine umfassende Ausbildung als Chicago oder Los Angeles. Montessori solle eine Modellschule gründen ... Die Liste der Vorschläge war ellenlang. Alle enthielten sie eine grundsätzliche Botschaft. Montessori sollte entweder eine qualifizierte Person schicken, die Lehrer ausbilden könne, oder sie sollte selbst kommen, um Kurse abzuhalten. Zumindest solle sie einen Kurs auf der Panama-Pazifik-Ausstellung (*Panama-Pacific International Exposition, PPIE*) in San Francisco (von Februar bis Dezember 1915) durchführen. Das war eine von zwei gleichzeitig stattfindenden Weltausstellungen in Kalifornien. Die andere war die Panama-Kalifornien-Ausstellung in San Diego (von März 1915 bis Januar 1917). Beide Ausstellungen waren organisiert worden, um den beeindruckenden technischen Durchbruch bei der Konstruktion des Panamakanals zu feiern, der 1914 eröffnet worden war. Obwohl die Panama-Pazifik-Ausstellung hauptsächlich der Unterhaltung dienen sollte, gab es dort auch seriöse wissenschaftliche Vorträge und akademische Kongresse.

Ursprünglich plante Montessori einen Ausbildungskurs für den Sommer und Herbst 1914 und hatte sogar vor, ihren Vater mitzunehmen. Da ihm seine Gesundheit zwar eine Schiffsreise, aber keine Zugfahrt gestattete, bevorzugte sie einen Kurs an der Ostküste. Die widersprüchlichen Nachrichten aus Amerika machten ihr es jedoch schwer, sich zu entscheiden. In einem Brief an Harriet Hunt, eine ihrer Unterstützerinnen, schrieb sie im August 1914, wie sehr sie der Kriegsausbruch[2] erschütterte und dass sie sich nicht in der Lage sähe, zu planen. Es sei ihr unmöglich, in solch unsicheren Zeiten einen Ausbildungskurs auf der Panama-Pazifik-Ausstellung in Betracht zu ziehen. Das einzige, was ihr wichtig sei, wäre das Anliegen ihrer Arbeit, die sich auf die Unabhängigkeit des Kindes konzentrierte, zu schützen. Um eine Entscheidung zu treffen, kenne sie die Umstände in den Vereinigten Staaten zu wenig. Letztlich wäre ihr jeder Ort – sei er im Osten, Westen oder in der Mitte Amerikas – recht, solange sie ihre Arbeit in Ruhe er-

---

2 *Der Erste Weltkrieg begann am 28. Juli 1914. Die italienische Regierung hatte sich anfangs für neutral erklärt, trat aber am 23. Mai 1915 zum Krieg auf der Seite der Alliierten bei.*

ledigen könne. Sie habe gehört, dass zwei Absolventen ihres internationalen Ausbildungskurses in Rom gute Erfolge in Pittsburgh und Indianapolis erzielt hätten. Vielleicht könne sie an einer dieser Schulen Pädagoginnen ausbilden oder aber mit Anne George in Washington zusammenarbeiten.

Am Ende entschloss sich Montessori dazu, nach Kalifornien zu gehen. Wie diese Entscheidung zustande kam, ist nicht klar. Zumindest findet sich keine offizielle Einladung in der noch vorhandenen Korrespondenz aus jener Zeit. Bemerkenswert ist auch, dass keiner der Mitstreiter Montessoris von ihrer Reise im Jahre 1913 während des Aufenthalts 1915 eine Rolle zu spielen schien. Weder ist von der *Montessori Educational Association of America*, die vom Ehepaar Bell gegründet worden war, noch von Sam McClure oder Anne George die Rede. Es scheint, dass ehemalige Teilnehmer des Kurses in Rom im Jahre 1913, von denen einige zu vertrauten und loyalen Freunden Montessoris geworden waren, sich zusammengetan hatten, um sie davon zu überzeugen, ihre Ausbildungskurse in Kalifornien zu geben. Der *Lincoln Star* berichtete am 31. Mai 1915, dass Montessori ihre zweite Reise auf Ersuchen des kalifornischen *State Board of Education*[3] unternommen habe und, dass Katherine Moore, eine ihrer ehemaligen Studentinnen, ihren Empfang in Los Angeles organisieren würde. Am 25. April 1915 beschrieb das *Oregon Daily Journal* die Pläne für Montessoris Besuch in Kalifornien sinngemäß so: Am 1. Mai beginnt in Los Angeles ein Internationaler Ausbildungskurs nach der Montessori-Methode. Im August folgt eine Reihe von Vorträgen und Vorlesungen in San Francisco und in San

---

3   *Das Regierungs- und Entscheidungsgremium der kalifornischen Bildungsbehörde.*

Diego, wo es auf dem Ausstellungsgelände eine Montessori-Klasse geben wird. Die Pläne für diesen Teil des Besuches waren noch gar nicht abgeschlossen. Im Jahre 1913 wurde Katharine Moore nach Rom entsandt, um am Internationalen Ausbildungskurs als Vertreterin des *Board of Education* der Stadt Los Angeles teilzunehmen. Dies deutet darauf hin, dass sie Montessori dazu einlud, einen Kurs in dieser Stadt zu geben.

Wie es in einem Artikel der *Bisbee Daily Review* vom 26. Juni 1915 hieß, standen alle Vorbereitungen für die Organisation eines Kurses, den Montessori von August bis November auf der Panama-Pazifik-Ausstellung durchführte, unter der Schirmherrschaft von Margaret Wilson, der Tochter von Präsident Woodrow Wilson[4]. Zu den übrigen Mitgliedern des Vorbereitungskomitees gehörten unter anderem David Starr Jordan, Präsident der *National Education Association*, und Philander P. Claxton, der US-Bundesbeauftragte für Bildung. Unter der Schirmherrschaft der *National Education Association*, die an der Panama-Pazifik-Ausstellung teilnahm und ihren Jahreskongress im August 1915 in Oakland abhielt, präsentierte Montessori ihre Arbeit sowohl Pädagogen als auch der Öffentlichkeit.

Um Montessori bei der Ausführung ihrer Pläne[5] für ihre Arbeit in Amerika zu unterstützen und das nötige Geld dafür zu generieren, schlug Margaret Woodrow Wilson vor, dass die *Montessori Educational Association* ein vergleichbares Komitee gründen solle. Dieses Komitee, das nahezu nur aus Personen in Washington bestand, war offenbar nicht

---

4 *Von 1913 bis 1921 der 28. Präsident der Vereinigten Staaten von Amerika*
5 *Brief von William Knowles Cooper, Sekretär der* Montessori Educational Association, *an Maria Montessori vom 26. Dezember 1914.*

in der Lage gewesen, erfolgreich mit anderen Initiativen zusammenzuarbeiten, um Montessori nach Amerika zu holen. Jedenfalls schrieb Frau Bell am 25. Mai 1915 (als sich Montessori bereits einen Monat lang in Amerika aufhielt) einen Brief an Montessoris Adresse in Rom, in dem sie sich nach deren Plänen für den Fall erkundigte, dass sie nach Amerika käme.

Ein Hauptgrund dafür, dass Montessori zögerte, die Reise nach Amerika zu unternehmen, lag wahrscheinlich am schlechten Gesundheitszustand ihres 82-jährigen Vaters, Alessandro Montessori. Seit einigen Jahren wohnte er mit seiner Tochter zusammen und war seit kurzem verwitwet (seine Frau Renilde Stoppani war im Dezember 1912 gestorben). Eine andere Person, um die sie sich kümmern musste, war ihr Sohn Mario. Er war aus einer intensiven Liebesaffäre mit ihrem Kollegen Giuseppe Montesano hervorgegangen. Marios Existenz war jahrelang geheim gehalten worden. Selbst als er ab 1913 mit seiner Mutter zusammenlebte, wurde er stets als ihr Neffe vorgestellt. Anna Maccheroni, eine enge Freundin und Mitarbeiterin Montessoris, die sich während ihrer ersten Reise nach Amerika um Montessoris Vater und Sohn gekümmert hatte, konnte dieses Mal nicht für Mario da sein, weil sie sich seit Anfang 1915 in Barcelona aufhielt, um dort eine Montessori-Schule zu gründen.

Montessori entschloss sich daher, ihren Sohn mitzunehmen. Es war das erste Mal, dass er in aller Öffentlichkeit mit ihr zusammen reiste. Vielleicht hatte sie das Gefühl, dass sie einen 17-Jährigen nicht gut unter der Aufsicht einer Mitarbeiterin zurücklassen konnte. Außerdem glaubte sie wohl auch, dass seine Anwesenheit in Amerika keine

unangenehmen Fragen aufwerfen würde. Dort drüben
kannten sie die Leute nicht so gut wie in Rom. Sie würde
sich in einer völlig anderen Welt bewegen, in der sie auch
mehr Zeit für ihn finden könnte. Vor allem aber fürchtete
sie, dass Mario, wenn sie ihn in Rom zurückließe, in die
Armee eingezogen werden könnte, falls sich Italien am
Krieg beteiligen sollte.

Auch wenn Montessoris Pläne, ihren Aufenthalt in
Amerika zu verbringen, beim Verlassen Roms längst nicht
ausgereift waren, wusste sie, dass sie mindestens drei Monate
und möglicherweise länger abwesend sein würde. Deshalb
musste sie Vorkehrungen dafür treffen, dass ihr Vater in
dieser Zeit gut aufgehoben war. Damals wohnte sie nicht
mehr in der Via Principessa Clotilde 5, sondern war in die
Via Conte Rosso 25, ebenfalls in Rom[6], gezogen. Briefe von
verschiedenen Personen an ihren Vater deuten darauf hin,
dass sie ihn in einem Altersheim namens „Villa Cocchi" un-
tergebracht hatte, welches in der Nähe der Via Conte Rosso
lag. Die Archive enthalten nichts Konkretes zu diesem
Thema, aber wir wissen, dass Montessori ihren Vater in der
Obhut einiger Personen zurückließ, von denen die wichtigsten sein enger Freund Enrico und ein gewisser Signor
Brunelli waren. Das Einzige, was uns über diese beiden
Männer bekannt ist, findet sich in einem Brief Alessandro
Montessoris aus dem Jahre 1906 an Maria. Enrico, der auch
Enrichetto genannt wurde, war ein enger, wahrscheinlich
etwas jüngerer Freund von Alessandro. Signor Brunelli,
ein vertrauter Bekannter, war offenbar damit beauftragt,

---

6   *Dieses Haus wurde auf dem ehemaligen Gelände der Villa Wolkonsky, später*
    bekannt als Villa Campanari (Nachkommen der Familie Wolkonsky),
    Verwandte von Leopoldo Franchetti, erbaut. Er und seine amerikanische Frau
    Alice Hallgarten waren frühe Unterstützer von Montessori.

in Montessoris Abwesenheit wichtigere Entscheidungen für ihren Vater zu treffen. Anna Fedeli blieb auch in Rom, um sich um Alessandro zu kümmern. Andere loyale Freundinnen und Mitarbeiterinnen Montessoris – Maria Maraini, die Schwestern Giovanna und Maria Fancello sowie Lina Olivero – wurden ebenfalls mobilisiert, um sich *nonninos*[7] (wie sie Alessandro liebevoll nannten) anzunehmen.

Der Druck auf Montessori, nach Amerika zu kommen, war immens. Die Tatsache, dass sie ihren Vater nicht mitnehmen konnte, wird ihr die Entscheidung nicht leichter gemacht haben. Ihr muss bewusst gewesen sein, dass sie ihren Vater womöglich nicht mehr wiedersehen würde, obwohl sie damals nicht vorhersehen konnte, wie viele Jahre bis zu ihrer Rückkehr nach Italien vergehen würden. In Italien nahm das Interesse an ihrer Pädagogik ab. Andere Erziehungsmethoden gewannen an Popularität. Montessori war nicht in der Lage gewesen, in Italien ein eigenes Institut zu gründen. Sie hatte ihre Vorstellungen nicht verwirklichen können. Es ging zum einen um eine Art Laboratorium, in dem sie mit ihrer Methode experimentieren und sie weiter entwickeln könnte. Zum anderen dachte sie an eine Modellschule, an der sie der Welt zeigen könnte, wozu Kinder in der Lage wären, wenn sie in eigenem Tempo und in einer vorbereiteten Umgebung lernen und sich entwickeln könnten. Und außerdem ging es um ein Ausbildungszentrum, an dem sie Pädagogen gemäß ihren besonderen Ideen ausbilden könnte. Vielleicht dachte sie, dass diese Pläne in Amerika realisiert werden könnten. Denn verschiedene Personen hatten ihr zu diesem Zweck in Briefen Vorschläge gemacht. Jedenfalls entschied sie sich, dort-

---

7   *Eine Verniedlichungsform von* nonno, *italienisch für Großvater.*

hin zu gehen, wo Interesse für ihre Methode vorherrschte. Wie sie schon 1913 in einem Brief an eine Freundin schrieb, hatte sie sogar daran gedacht, nach Amerika auszuwandern. Auf einer Postkarte an ihren Vater, die in diesem Buch veröffentlicht ist, deutet sie diese Möglichkeit ebenfalls an. Dies war keine so ausgefallene Idee, denn Millionen ihrer Landsleute, allerdings meistens die ärmsten, hatten ihr diesen Schritt vorgemacht.

Leser, die darauf hoffen, in diesem Buch mehr über Montessoris Arbeit und ihre Methode zu erfahren, könnten enttäuscht werden. Denn es enthält vornehmlich warmherzige Briefe einer erwachsenen Tochter an ihren gebrechlichen Vater. Wir erleben sie hier als eine Frau mit ganz normalen Gefühlen. Sie macht sich Sorgen wegen öffentlicher Auftritte, um ihr Aussehen, die Probleme mit ihrem Dienstmädchen. Sie hat Freude an kleinen Ausflügen und ist immer wieder überwältigt von all dem Neuen und Andersartigen, das sie erlebt. Diese Sammlung von Briefen kann als Ergänzung zu den *Kalifornischen Vorträgen von Maria Montessori*[8] genutzt werden, welche Robert G. Buckenmeyer[9] 1915 herausgegeben hat. Das Buch enthält die Texte der Vorträge und Aufsätze, die Montessori in verschiedenen Lokalzeitungen veröffentlicht hatte, soweit sie erhalten waren.

Mithilfe der wenigen vorhandenen Quellen habe ich versucht, Maria Montessoris Leben und Reisen während ihres Aufenthaltes in Kalifornien so akkurat wie möglich nachzuzeichnen. Dabei recherchierte ich im Maria Montes-

---

8 *Erschienen im Rahmen der Maria Montessori – Gesammelte Werke bei Verlag Herder, Anm. UH*

9 *Erschienen bei* Montessori-Pierson Publishing Company*, Amsterdam, 2008*

sori-Archiv der *Association Montessori Internationale* (AMI), in Rita Kramers Biografie über Maria Montessori[10], in den *Kalifornischen Vorträgen* sowie in Online-Zeitungsarchiven. Meine Reise als Übersetzerin und Redakteurin dieser mehr als 100 Jahre alten Texte war beinahe so fantastisch und lohnend wie Maria Montessoris eigenes amerikanisches Abenteuer im Jahre 1915.

Ich möchte drei Menschen danken, ohne deren Engagement dieses Buch nicht möglich geworden wäre: Meinem Cousin Alexander Henny, der als Herausgeber der *Montessori-Pierson Publishing Company* weiterhin maßgeblich zur Realisierung neuer Publikationen beiträgt.

Miep van de Manakker, eine der besten Grafikdesignerinnen, ist eine großartige Kollegin und bewegt sich seit Jahren auf den Spuren Montessoris.

Und es gibt keine Worte, um Joke Verheul, meiner Mentorin und lieben Freundin, für ihre Hilfe und Unterstützung zu danken. Sie war meine Begleiterin auf dieser literarischen Reise, die ich ohne ihre Ratschläge, ihre Korrekturen, ihre Kommentare und ihr begeistertes Verständnis für alles, was Montessori betrifft, nicht hätte beenden können. Sie hat mir sehr dabei geholfen, aus den Briefen dieses Buches ein zusammenhängendes Ganzes zu machen.

Carolina Montessori
Februar 2015

---

10 *Kramer, Rita: Maria Montessori: A Biography. New York: G. P. Putnam's Sons, 1976*

Ankunft in New York und Zugreise nach San Francisco

Maria Montessori und ihr Sohn Mario (17 Jahre alt) hatten Neapel am 11. April 1915 verlassen und erreichten New York auf dem Passagierschiff Duca degli Abruzzi *am 19. April 1915.*

Maria und Mario Montessori an Bord des Dampfers Duca degli Abruzzi

Zu diesem Zeitpunkt war Montessori eine erfahrende Schiffsreisende, denn sie hatte im Jahre 1913 den Atlantik bereits zweimal überquert. Da die Duca degli Abruzzi *ein italienisches Schiff*

war, konnten die Montessoris ihre eigene Sprache sprechen und stießen nicht auf die Kommunikationsprobleme, wie sie Maria Montessori während ihrer ersten Reise in die Vereinigten Staaten im Jahre 1913 erfahren hatte. Es gibt keine Hinweise, dass sie auf dieser Reise begleitet wurden, obwohl es durchaus möglich ist, dass Adelia McAlpin Pyles[11] mit ihnen reiste. Als vertraute Freundin hatte sie Maria Montessori bei einem Besuch in Holland 1914 begleitet und wohnte vielleicht von da an bis zur Abreise nach Amerika bei Montessori in Rom. Ob sie mit ihnen gereist ist oder nicht, sie stand Montessori während ihres Amerika-Aufenthaltes immer zur Seite.

Die Zeitungen erwähnten Montessoris Ankunft in New York, aber sie wurde nicht mit den gleichen Ehrungen empfangen wie 18 Monate zuvor. Es ist wahrscheinlich, dass einige der ehemaligen Studenten dort waren, um die Montessoris willkommen zu heißen, aber wir wissen es nicht.

Maria und Mario Montessori verbrachten ein oder zwei Tage in New York. Am 20. April sprach Montessori während einer Montessori-Tagung in einem Kinderhaus. Dort war auch ihre ehemalige Studentin Margaret Naumburg[12] anwesend, die verkündete, dass sie kürzlich die Genehmigung erhalten hatte, ein staatliches

---

11 *Adelia McAlpin Pyle (1888–1968) wurde in eine wohlhabende New Yorker Familie geboren. Sie nahm 1913 als Studentin am ersten Internationalen Montessori Ausbildungskurs in Rom teil und arbeitete zehn Jahre lang eng mit Maria Montessori zusammen. Während ihrer Vorlesungen war sie als Dolmetscherin tätig, begleitete sie auf ihren Reisen, half bei der Entwicklung des englischsprachigen Materials und lebte mit Maria Montessori, Mario und ihrer Familie in Barcelona, bis sie Montessori endgültig verließ, um in Italien dem Orden von Pater Pio beizutreten und den Rest ihres Lebens als Nonne zu verbringen.*

12 *Margaret Naumburg (1890–1983), eine Studentin des ersten Internationalen Montessori Ausbildungskurses 1913 in Rom. Sie bewunderte Montessoris Arbeit, aber unter dem Einfluss von Alexander, Freud, Jung und anderen wurde sie Psychotherapeutin und entwickelte ihre eigene Technik, die als dynamisch orientierte Kunsttherapie bekannt wurde.*

Montessori-Klassenzimmer nach entsprechenden Vorgaben (PS 4) zu eröffnen.[13] *Am nächsten Tag besuchte Montessori Angelo Patri*[14]*, einen Schulleiter einer öffentlichen Schule in der Bronx. „Sie bereiten diese Kinder auf die Realität des Lebens vor, und so wie Sie die Wissenschaften lehren, ist es eine Vorbereitung darauf, ihnen weise zu begegnen.", sagte Montessori angeblich zu Patri. Sie fand, dass die Einführung ihrer Methode in den Schulen eine friedliche Veränderung bewirkte – eine Veränderung, die auch außerhalb der Schule Frieden bringen würde.*[15]

An diesem Abend traten Maria und Mario Montessori eine fünftägige Zugreise quer durch Amerika nach San Francisco an. Der erste Abschnitt dieser Reise von New York nach Chicago (1.500 km) dauerte 20 Stunden.

Wir wissen nicht, ob Maria Montessori an ihren Vater während der Atlantiküberquerung oder ihres anschließenden Besuchs in New York Briefe oder Telegramme schrieb. Der erste Brief aus den Archiven bezieht sich auf den zweiten Teil der Zugreise von Chicago nach San Francisco.

---

13 *PS steht für* Public School. *Das ist in den USA eine Bezeichnung für Grund- und Oberschulen, die für alle Kinder frei von Schulgeldern sind und von einer staatlichen Einrichtung finanziert und/oder betrieben werden.*

14 *Angelo Patri (1876–1965) war in der ersten Hälfte des 20. Jahrhunderts ein bekannter progressiver Autor und Erzieher. Als erster italienisch-amerikanischer Schulleiter in den USA half er Einwandererfamilien, ihre Sprache und ihre Tradition zu bewahren, während sie sich darauf vorbereiteten, in der amerikanischen Gesellschaft erfolgreich zu sein.*

15 *Nach einem Zeitungsartikel aus den* New York City News *vom 25. April 1915*

Adresse auf dem Briefumschlag:
Cav.[16] Alessandro Montessori
Villa Campanari, Via Conte Rosso 25, Roma (Italien)

Geschrieben auf Briefpapier vom:
Overland Limited Sonderzug, Chicago – San Francisco
Täglich via Chicago und North Western, Union Pacific,
Southern Pacific

[Stempel: Ogden, 24. April 1915]

Lieber Papa,

ich schreibe Dir hier auf einem Briefpapier, das Dich in
Staunen versetzen wird: „Wo ist Maria?" ... Im Zug von
Chicago nach San Francisco! Ich bin im Salon und sitze am
Schreibtisch. Die Bibliothek und die Schreibmaschine sind
in der Nähe und neben mir auf dem Tisch steht ein Telefon.
Ich bin gerade vom Aussichtswagen hereingekommen, wo
ich nach dem Mittagessen lange Zeit in einem mit grünem
Samt bezogenen Lehnstuhl verbrachte und die endlose
Prärie, weit wie das Meer, sich vorbeiziehen sah. Ich habe
ein schönes Abteil mit einem Bett, das genauso groß ist wie
die Einzelbetten, die wir zu Hause haben. Eine Couch und
in der Nähe ein komplettes Badezimmer. Im Zug befinden
sich Umkleideräume für Männer und Frauen. Sie können
sich darin für die Nacht umziehen und am Morgen waschen
und anziehen (wenn sie nicht, wie ich, ein separates Bad
haben).

16 Cav. *kurz für das italienische Wort* Cavaliere, *das Ritter bedeutet; ein
Höflichkeitstitel.*

Im Zug gibt es Friseure mit eigenem Geschäft, Maniküre, Pediküre etc. und es gibt auch Duschen. Die Speisesäle haben sehr große Tische, weil die Züge doppelt so breit sind wie in Europa.

Ich bleibe bis mittags im Bett liegen und frühstücke auch dort, weil ich mich in diesem rasenden Palast, in dem ich fünf Tage ununterbrochen bleiben muss, gut ausruhen will. Tagsüber spielen wir um einen kleinen Tisch herum alle Arten von Spielen, gehen in die Aussichtswagen etc. Es ist wie ein Traum – eine großartige, zauberhafte Landschaft! In Chicago bin ich für drei Stunden aus dem Zug ausgestiegen. Dort hatten ehemalige Studenten für mich im Blackstone Hotel[17] einen Empfang vorbereitet. Nun fahren wir wieder. Uns geht es mehr als gut. Wir sind überglücklich. Auf Wiedersehen! Ich werde Dir eine Postkarte und eine Broschüre über den Zug schicken.

Herzliche Grüße an Enrichetto. Tausend Küsse,

Maria

Maria Montessori musste vermutlich in Chicago umsteigen und eine Weile warten. So hatten ihre ehemaligen Studenten die Möglichkeit, einen Empfang für sie zu organisieren. Diese Studenten hatten möglicherweise an den Internationalen Montessori-Ausbildungskursen von 1913 oder 1914 in Rom teilgenommen. Es scheint wahrscheinlich, dass Emily Greenman und Elizabeth

---

17 *Montessori hatte am Ende ihrer Vortragsreise 1913 ein paar Tage im* Blackstone Hotel *verbracht und den Luxus des renommierten Hotels genossen. Das* Blackstone Hotel *wurde von 1908 bis 1910 erbaut und nach Timothy Blackstone, einem bekannten Geschäftsmann und Politiker aus Chicago, benannt. Das Hotel ist berühmt für seine prominenten Gäste, darunter zahlreiche US-Präsidenten, weshalb es im 20. Jahrhundert auch als „Präsidentenhotel" bekannt wurde.*

Harrison, die beide 1913 in Rom am Kurs teilnahmen und in Chicago lebten, den Empfang organisierten. Wir haben diesbezüglich allerdings keine spezifischen Informationen. Greenman war während des Kurses auch als Dolmetscherin tätig gewesen und kannte Montessori gut. Elizabeth Harrison war Präsidentin des Kindergarten College of Chicago *und eine einflussreiche Person in den USA. Sie hatte nach ihrem Aufenthalt in Rom einen anerkennenden Bericht über die Montessori-Methode verfasst.*

Geschrieben auf Briefpapier vom:
Overland Limited Sonderzug, Chicago – San Francisco
Täglich Via Chicago und North Western, Union Pacific,
Southern Pacific

24. April 1915

Liebster Papa,

die Reise nähert sich ihrem Ende – morgen, am Sonntag, den 25. April, werden wir um 10 Uhr in San Francisco ankommen. Es war wirklich eine großartige Reise! In diesen wunderschönen Zügen vergehen die Tage sehr geruhsam. Achtundvierzig Stunden lang fuhren wir durch eine Art Wüste: eine große Weite kargen Landes, ohne ein einziges Feld, ohne Bäume, ohne Tiere.

Dann sahen wir zwei oder drei kleine Ortschaften, die aus Blockhütten bestanden. Das erste, was wir am Ende der Wüste wahrnahmen, war eine große, schöne Frau, die im Galopp auf einem Pferd ritt. 45 Minuten später erblickten wir einen Mann, der zu Fuß ging – ein Zeichen dafür, dass wir dabei waren, die Zivilisation zu erreichen. Nach einer

Weile sahen wir ein Feld und dann ein winziges, einsames Haus und nach einer weiteren langen Strecke eine kleine Gruppe von Holzhütten.

Heute Morgen sahen wir einige Felsen und Bäume. Die Landschaft wurde malerischer. Wir sprangen aus dem Bett, um zum Aussichtswagen zu gehen. Da sahen wir etwas Eigenartiges vor unseren Augen auftauchen: ein riesiger See, der Große Salzsee, weit wie ein Meer, das von Land umgeben ist und in dessen Mitte der Zug fährt. Über einen von Menschenhand geschaffenen Damm und Brücken überquerte der Zug den See. Beeindruckend!

914   GREAT SALT LAKE CUT-OFF AT SUNSET. GREAT SALT LAKE, UTAH

Die Überquerung dauerte ungefähr drei Stunden! Eine leichte Aufgabe für amerikanische Eisenbahnen ... Ich bin sehr glücklich und sehr zufrieden.

Liebe Grüße an alle,

Mimi[18]

---

18 *Ein Kosename, den Maria Montessori manchmal benutzte, wenn sie an ihre Eltern schrieb.*

Briefe aus Los Angeles

ANKUNFT IN SAN FRANCISCO UND BESUCH DER AUSSTELLUNG IN SAN DIEGO

Am 25. April kam Maria Montessori um zehn Uhr morgens in San Francisco an. Sie blieb nur für einen Tag, um die Weltausstellung zu besuchen. Der San Francisco Chronicle *berichtete am 26. April: „Madame Maria Montessori, die auf zwei Kontinenten für revolutionäre Bildungsarbeit ausgezeichnet wurde, kam gestern Morgen in San Francisco an und wurde sofort mit dem Auto zum Ausstellungsgelände gebracht. Ein Mittagessen des Frauenvorstands und ein öffentlicher Empfang im* California Building *bildeten das offizielle Unterhaltungsprogramm zu ihren Ehren ... Frau Montessori war gestern Nacht Gast im* Hotel Inside Inn[19]. *Heute Abend fährt sie nach Los Angeles, wo sie damit beschäftigt sein wird, eine Vortragsreihe über Bildung in Theorie und Praxis abzuhalten. Sie wird am 1. August nach San Francisco zurückkehren, um dann einen Monat hierzubleiben."*

Im folgenden Brief beschreibt Montessori einen Besuch bei der Panama-Kalifornien-Ausstellung in San Diego. Sie erzählt begeistert von Menschen verschiedener Herkunft, die sie dort getroffen hat. In diesem Zusammenhang ist es wichtig zu wissen, dass Montessori auch Anthropologin war. Sie dozierte von 1904 bis 1916 an der Universität von Rom Anthropologie und veröffentlichte 1910 das große Werk Antropologia Pedago-

---

19 *Ein Hotel mit 638 Zimmern auf dem Ausstellungsgelände in San Francisco –*
    CM

gica[20]. *Zu dieser Zeit war die Klassifikation von verschiedenen ethnischen Gruppen ein wichtiger Teil der physischen Anthropologie, der Zweig der Anthropologie, der sich mit der Entstehung, Entwicklung und Vielfalt der Menschen befasst. Ihr Interesse an unterschiedlichen ethnischen Gruppen war wissenschaftlich und hatte nichts mit Rassismus zu tun. Mehr Informationen darüber erhält man in der Biografie über Maria Montessori von Rita Kramer.*[21]

---

8. Mai 1915 [Empfangsdatum: 7. Juni]

Mein liebster Papa,

es tut mir leid, dass ich Dir noch keinen langen Brief geschrieben habe. Aber zumindest habe ich Dir Postkarten und Fotos geschickt, um Dir eine Vorstellung von den Orten zu geben, die ich gesehen habe, und um Dich zu grüßen. Du musst wissen, dass, wann immer ich etwas Neues und Schönes erblicke, wünsche ich mir, Du könntest da sein, damit wir es zusammen bewundern können. Nach all den letzten Anstrengungen beruhigt es mich zu wissen, dass Du Dich in der schönen Villa Cocchi ausruhen kannst.

Trotz aller Annehmlichkeiten ist diese Reise zu lang. Es erfordert so viel Kraft, einen Monat lang mit nicht ausgepackten Koffern von einem Ort zum anderen zu ziehen. Ich

9

---

20 Antropologia Pedagogica. *Mailand. Vallardi, 1910. Die englische Übersetzung* Pedagogical Anthropology *wurde 1913 von William Heinemann, London, übersetzt und von Frederic Taber Cooper veröffentlicht. Der amerikanische Verleger war Frederick Stokes. (Im Deutschen erschienen die Anthropologischen Schriften in zwei Bänden bei Verlag Herder, Freiburg 2019, Anm. UH).*

21 *Kramer, Rita: Maria Montessori. Leben und Werk einer großen Frau. Fischer Taschenbuch Verlag, Frankfurt/M. 1995 (Anm. UH)*

stelle aber etwas Erstaunliches fest: Ich fühle mich besser als in Rom. In gewissem Sinne fühle ich mich weniger fade und alt als zuvor. Ich kann so herumlaufen, wie ich es vorher nicht konnte! Ich gehe und hüpfe und fühle mich angenehm „verjüngt".

Ich konnte Dir nicht alle Zeitungsartikel schicken, die über mich geschrieben wurden, aber ich habe darum gebeten, dass sie für mich gesammelt werden. Wo auch immer ich hinging, wurde ein offizieller Empfang für mich organisiert und das Komische ist, dass Nathan[22] eingeladen wurde und somit verpflichtet war, anwesend zu sein. Unnötig zu erwähnen, dass seine Nase wächst, wenn er in meiner Nähe ist, besonders wenn er die Montessori-Methode in der Öffentlichkeit loben muss.

Ich war bei den Weltausstellungen in San Francisco und San Diego. Beide Male war ich als Gast eingeladen, was bedeutet: eine Unterkunft in erstklassigen Hotels, ein Auto zu meiner freien Verfügung sowie kostenlosen Eintritt zu allen Pavillons und Attraktionen. Es ist nicht nur für mich frei, sondern auch für mein Umfeld, das nicht nur aus Mario und Miss Pyle besteht, sondern auch aus Miss Moore[23] und

---

22 *Ernesto Nathan (1845–1921), ehemaliger Bürgermeister von Rom (1907–1913), war einst ein Unterstützer von Maria Montessori, die Nathans Frau Virginia Mieli aus den Jahren kannte, in denen sie in der Frauenbewegung aktiv waren. Ernesto Nathan unterstützte Montessori, als sie 1907 in Rom mit ihrem ersten Casa dei Bambini begann. Anscheinend hatten sie in späteren Jahren einen Streit. Nathan war beauftragt worden, den italienischen Pavillon auf der Panama-Pazifik-Ausstellung zu organisieren.*

23 *Katharine Moore, eine Studentin des Kurses in Rom von 1913, war Kindergärtnerin in Los Angeles und eine überzeugte Anhängerin von Montessori. Sie hatte gute Beziehungen zum* Los Angeles Board of Education. *In einem Brief vom 23. Juli 1914 schrieb sie Montessori, sie habe sich an die Verantwortlichen der Panama-Pazifik-Ausstellung mit der Bitte gewandt, auf der Ausstellung einen Montessori-Ausbildungskurs zu veranstalten. Der Bitte kämen sie gerne nach. Am 16. September 1914*

Dr. Jordan[24]. Wir wurden von den Verantwortlichen der Ausstellung herumgeführt.

Wir hatten dort eine gute Zeit![25] Wir sind Menschen unterschiedlichster ethnischer Herkunft begegnet, aber für uns war es besonders interessant, Mexikaner, Filipinos (mongolischer Herkunft) und Indianer zu treffen. Die Mexikaner erzählten uns, dass sie von der Montessori-Methode in Mexiko gehört hatten. Sie gaben spezielle Vorführungen ihrer Musik, ihrer Tänze und Kunstwerke. Schöne Mexikaner versammelten sich liebevoll um mich und ließen mich eines ihrer Gerichte aus Mais und Fleisch[26] probieren. Die Filipinos waren begeistert von der „Methode". Zwei kleine, dunkle Lehrer mit mandelförmigen Augen und vorstehenden Wangenknochen wollten mich umarmen. Sie erklärten mir ausführlich, wie ihre Schulen organisiert sind.

Wirklich beeindruckend hier sind die Indianer. Bei der Ausstellung sieht man große Gruppen dieser schönen, edlen Menschen, die in Lederhäute gekleidet sind und deren Köpfe in Federschmuck gehüllt sind. Sie reiten auf wunderbare Weise ihre Pferde. Mensch und Pferd sind eins! Indianer malen ihre Gesichter leuchtend rot an, aber

11

---

informierte sie Montessori darüber, dass das Los Angeles Board of Education *die erste städtische Bildungsbehörde sei, die Montessoris Arbeit anerkenne und eine Montessori-Klasse in ihrem öffentlichen Schulsystem aufnehme, betonend, dass es in den USA keine besseren Schulen gäbe.*

24 *Mary Powell Jordan, eine Ärztin und Lehrerin, war eine Studentin des ersten Internationalen Ausbildungskurses in Rom 1913. Sie war eine gute Freundin von Katharine Moore und begleitete Montessori hin und wieder während ihres Aufenthalts in Los Angeles.*

25 *Auf der San Diego Ausstellung gab es ein „Indianerdorf" mit etwa zweihundert „Indianern" von Apachen und anderen Stämmen. Sie webten Teppiche und Decken, formten Töpferwaren, schlugen aus Silber und Kupfer Schmuck und Ornamente, führten zeremonielle Tänze und Gebete an ihre Götter auf.*

26 *Möglicherweise eine mit Hackfleisch und anderen Zutaten gefüllte Maistortilla oder ein Mais-Fleisch-Auflauf.*

ihre Haut ist gelb. Sie haben eine lange gebogene Nase und einen majestätischen Körper. Ich bin zu ihnen gegangen und sie erklärten mir ihre Religion, ihre Bräuche und zeigten mir ihre Hütten.

In nur wenigen Tagen gelang es mir, viel produktivere anthropologische Studien zu machen als während all jener Jahre mit den hohlen Schädeln von Sergi in Rom![27]

Hier in Los Angeles, wo wir uns endlich niedergelassen haben, haben wir ein kleines Haus gemietet, einen Bungalow, wie sie es nennen: ein Holzhaus umgeben von einem Garten. Wir haben einen Salon, ein Esszimmer und vier Schlafzimmer. Unser Dienstmädchen verdient 125 Lire pro Monat.[28]

Der Kurs wird noch organisiert: Die Mehrheit der Studenten wird Ende Mai eintreffen. Ich habe über die Banca d'Italia Geld zu meiner Verfügung. Es ist mehr, als wir eigentlich brauchen. Ich habe amerikanische und chinesische Studenten. Einige sind noch unterwegs und reisen sogar aus Honolulu an.

Wir denken so oft an Italien, den Krieg. Ich hoffe, dass Enrichetto immer treu an Deiner Seite ist. Ich könnte Fedeli[29] hier wirklich gut gebrauchen, denn es gibt so viel

---

27 *Giuseppe Sergi (1841–1936) war ein führender italienischer Anthropologe, Professor für Anthropologie an der Universität von Rom und Montessoris Lehrer. Sergi war bekannt für seine Arbeit über die Klassifikation von Rassen anhand kranialer Morphologie, bei der Schädel gemessen und verglichen wurden.*

28 *Die Lira (Plural Lire) war zwischen 1861 und 2002 die Währung Italiens.*

29 *Anna Fedeli (1885–1920), eine von Montessoris ersten Studentinnen, wurde zu einer engen Freundin. Sie leitete das zweite Casa dei Bambini in Mailand, das 1919 eröffnet wurde. Zurück in Rom fungierte sie auch als Montessoris Sekretärin. Sie war eine große Hilfe, da sie Englisch sprechen und schreiben konnte. Sie kümmerte sich um Montessoris Vater und Sohn als Montessori 1913 das erste Mal Amerika besuchte. Fedeli starb 1920 an Tuberkulose.*

zu tun. Ihre Hilfe wäre ein Segen für mich. Ich denke, Olivero[30] könnte kommen und bei Dir bleiben. Sie wäre sicherlich auch sehr glücklich damit.

Wenn Du sie benötigst, brauchst Du sie nur anzurufen. Oder schick mir ein Telegramm und ich werde ihr eins schicken und ihr dann mitteilen, dass sie zu Dir kommen und bei Dir bleiben soll. Auch wenn Du, Papa, Dich damit nicht wohlfühlst, mach Dir keine Sorgen. Sie würde Dir Gesellschaft leisten. Ich erzähle Dir all diese Dinge, aber der Brief wird Dich erst in einem Monat erreichen und in der Zwischenzeit hast Du Dich arrangiert.

All meine Liebe an Donna Maria, ihre Kinder und euch alle, auch von Mariuco.[31]
Versuche, es Dir so gut wie möglich gehen zu lassen.
Mein Papa, ich bin glücklich.

Maria

625 Virgil Avenue
Los Angeles

Es ist besser, wenn Du Deine Antwort an das Hotel Colorado in San Diego (Kalifornien) sendest.[32]

13

---

30 *Lina Olivero (1889–1972) ist eine frühere Studentin von Montessori und eine Freundin der Familie.*
31 *Das ist ein Kosename für Mario.*
32 *Briefe benötigten einen Monat, um anzukommen. Montessori plante, den Juli über in San Diego zu sein.*

*In diesem Brief beschreibt Montessori detailliert den Empfang in
San Francisco, den sie in ihrem vorherigen Brief nur angedeutet
hatte. Es ist offensichtlich, dass sie ihren Erfolg sehr genossen
hat, obwohl sie sich in ihrer Reisegarderobe unwohl fühlte und
nicht in der Lage war, mit ihren Gastgebern zu sprechen. Der
San Francisco Chronicle vom 26. April 1915 beschrieb Maria
Montessori wie folgt: ,Mme Montessori ist eine Frau von mittlerer
Größe, brünett, mit einem schönen weiblichen Teint. Das ist
das äußere Bild, aber dem Auge fällt schnell so etwas wie ein
„lieblicher Ausdruck" auf.' Der Artikel fuhr mit einer Beschreibung des Empfangs fort: „Sie wurde von Personen belagert, die
sehnlichst ein paar Worte mit ihr wechseln wollten. Außer für die
Männer und Frauen ihres eigenen Landes, ist es für alle anderen
bedauerlich, dass Mme Montessori kein Englisch spricht. So gab sie
den meisten mit einer Verneigung und einem Lächeln den üblichen
Handschlag. Beim Mittagessen, das der Frauenvorstand zu ihren
Ehren ausrichtete, sprach sie mehr oder weniger ausführlich über
ihre Arbeit und ihre Theorien. „Der Fortschritt der Zivilisation",
sagte sie, „ist durch drei Schritte gekennzeichnet. Jeder dieser
Schritte bildet für das Vorankommen der Menschheit eine eigene
Einheit. Der erste Schritt ist die Anerkennung der Einzigartigkeit
des Menschen an sich. Dies reicht mit den ersten Anzeichen des
Erwachens für höhere Dinge lange in die Vergangenheit zurück.
Der zweite Schritt ist ein Teil der Leistung, die in der Gegenwart
vollbracht wird. Es ist das anbrechende Bewusstsein der Frau für
ihre eigene Individualität und für ihren Platz in der Welt – Seite
an Seite mit Menschen, die ebenso wichtig und gleichberechtigt
sind. Der dritte Schritt erfasst das Kind als eine Einheit. Er ist der*

wichtigste dieser drei Schritte. Der erste und der zweite Schritt müssen Hand in Hand mit dem dritten gehen. Darin liegt die Hoffnung der Zukunft."

Am nächsten Tag, dem 26. April, fuhr Montessori weiter nach Los Angeles.

Oben auf der Seite steht geschrieben: Letzte Nacht sagte man mir, dass Österreich die Bedingungen des Friedens akzeptieren wird.

12. Mai [1915]

Liebster Schatz, Papa,

ich bin etwas durcheinander, denn ich kann mich nicht daran erinnern, was ich Dir bisher geschrieben habe. Es ist so viel passiert, dass sich in meinem Kopf alles dreht.

Mario hatte die Idee, Dir jeden Tag zu schreiben und so eine Art Tagebuch anzufertigen. Er beabsichtigt damit, ein Buch zu schreiben (nicht mehr und nicht weniger!). Er schrieb während der Reise tatsächlich mit bewundernswerter Sorgfalt. Aber ab einem bestimmten Zeitpunkt war es unmöglich, mit den Ereignissen Schritt zu halten. So viele neue Eindrücke, Gebäude, die in den Himmel ragen, spektakuläre Beleuchtungen, gewaltige Ausstellungen, unglaubliche Empfänge und Mario, der vor Glück schwelgt, ist verzweifelt: „Wie kann ich das alles niederschreiben?" Unmöglich und außerdem: unfassbar.

Als ich nach einem kurzen Aufenthalt von fünf Tagen mit dem Zug (am Morgen) in San Francisco ankam, teilte man mir mit, dass ich eine gewisse Dame zum Mittagessen treffen würde. Es sollte eine private und zwanglose Angelegenheit werden. Das Gepäck wurde nach Los Angeles weitergeleitet. Ich trug eine einst weiße und zerknitterte Bluse und ein Reisekleid, das mich ziemlich zerzaust aussehen ließ. In diesem Aufzug ging ich zu diesem formlosen Mittagessen. Sie brachten mich zu einem Pavillon der Ausstellung und sagten: „Ihr erstes Mittagessen muss in unserem *California Building* stattfinden." Gut. Ich ging dorthin und fühlte mich recht wohl. Oben auf der Treppe standen eine sehr elegant gekleidete Dame und Ernesto Nathan, der mich offiziell willkommen hieß. Sie war die Präsidentin des Frauenvorstands der Weltausstellung.[33] Ein üppiges Mittagessen wurde an einem hufeisenförmigen Tisch serviert, der mit Blumen bedeckt war und eine ganze Halle einnahm: Es gab Vertreterinnen aller erdenklichen Frauengesellschaften und Organisationen. Die einzigen anwesenden Männer waren Nathan, der Leiter der Ausstellung, ein Beauftragter des Bildungsministeriums ... und Mario. Sie entschuldigten sich tausendmal dafür, dass sie für mich keinen Empfang vorbereiten konnten, weil sie erst am Vorabend von meiner Ankunft erfahren hatten. Während der ganzen Nacht hatten sie herumtelefoniert und das Mittagessen zubereitet. Ich fühlte mich ganz klein, wenn ich an meine Kleidung dachte, an meine zerknitterte Bluse. Ich habe versucht, so gut wie möglich mit der unerwarteten Situation umzugehen. Mein Herz klopfte aus Sorge davor, dass es Reden geben würde, aber der Braten wurde schweigend herumgereicht. Ich fing an, wieder Kontrolle über mich zu gewinnen. Oh, es ist so schwer, wenn man die Bräuche eines Landes nicht kennt! Ja,

---

33 *Frau Frederick G. Sanborn, Präsidentin des Frauenvorstands der Panama-Pazifik-Ausstellung.*

wirklich. Hier, wo solch eine Zurückhaltung im Verhalten herrscht, ist ein Braten eine wahre Sünde.[34] Das Eis sorgte schließlich für etwas Aufmunterung.

Oh, sie flüsterten mir leise zu, ich müsse auf die Rede des Präsidenten antworten, außer, ich wolle mich lieber an die Öffentlichkeit wenden. Die Öffentlichkeit? Ich machte innerlichen einen Purzelbaum. Was für eine Öffentlichkeit? Ich verstand das alles nicht. Und Schlimmeres befürchtend sagte ich ihnen, ich würde gerne einfach dem Präsidenten antworten. Die offiziellen Reden folgten nacheinander und Nathan (der arme Mann) musste „über die Montessori-Methode" sprechen. Er sagte, dass ihm bereits klar war, dass sie erfolgreich sein würde, in Italien überhaupt irgend-jemand von ihrer Existenz erfahren hatte. Ich wollte ihm nicht widersprechen und als ich meine Rede beendet hatte, stimmte er nachdrücklich zu: „Bravo, gut gemacht!". Denk nur, wenn wir uns in Italien begegnen, sehen wir uns nicht einmal an!

Nach dem Mittagessen fühlte ich mich erleichtert und dachte: „Jetzt ist es vorbei." Die elegante Präsidentin begleitete mich hinaus und wir waren alleine. Ich wusste, dass wir die Leute, die das Mittagessen nicht besucht hatten, zusammen begrüßen würden. Ich folgte ihr schweigend, denn wir konnten uns in keiner gemeinsamen Sprache unterhalten.

Du musst versuchen, Dir diese prächtigen Eingänge der Pavillons vorzustellen: riesige Hallen von Säulen geteilt, überall Sofas etc. Alle Sofas und Sessel waren besetzt. Mir

---

34 *Ein Witz. Montessori bezieht sich auf die Selbstbeherrschung der amerikanischen Oberschicht im Verhalten und möglicherweise im Konsum alkoholischer Getränke, was der italienischen Lebensweise widerspricht.*

wurde klar, dass ich an all diesen Menschen vorbei gehen musste, um unsere Gruppe zu erreichen. Ich versuchte, mich ein wenig hinter der Präsidentin zu verstecken. Mir war es unangenehm weiterzugehen. Wenn ich nur meine Bluse hätte wechseln können! Aber ich tröstete mich mit dem Gedanken, dass mich niemand kannte und dass ich nicht bemerkt werden würde. Wir kamen endlich am anderen Ende bei „unserer Gruppe" an. Aber was für eine Überraschung! Wir blieben mitten in der Halle stehen, ohne auf eine Gruppe zu treffen. Und dann geschah etwas Unglaubliches: Plötzlich erhoben sich all diese Menschen (sicherlich mehr als tausend!) und drängten auf uns zu. Ein paar große Männer, die in einer Art Uniform gekleidet waren, begannen die Menge zurückzuhalten. Es waren Polizisten. Viele Menschen schüttelten mir die Hand, murmelten ihren Namen und schickten mir Luftküsse. Die Italiener begrüßten mich in unserer Sprache. Schließlich baten sie mich, ein paar Worte zu sagen (Oh! Oh! Die öffentliche Rede . . .). Als ich gehen wollte, machte die Menge mir entweder Platz, ging mir voraus oder folgte mir. Dann riefen sie: „Lang lebe Italien!" Und es folgte ein lauter Applaus. Sie sahen mich lächelnd an, als wollten sie sagen: „Wir sind so glücklich, dass Sie hier sind." Als ich anhielt, taten sie es auch. Eine Gruppe von Fotografen schien darum zu kämpfen, ihre Arbeit machen zu können. „Mario, wie können wir das alles beschreiben?" „Es ist unmöglich! Niemand glaubt uns das." Mario jubelte, triumphierte. Er wurde von Reportern und Dolmetschern belagert. Da sie sich mir nicht nähern konnten, interviewten sie ihn. Er stand ganz aufrecht und geizte nicht mit den Informationen, die er lieferte. Was in aller Welt hatte er ihnen gesagt? Inzwischen aber hat er sich an Empfänge gewöhnt.

Mario nahm bei dem Empfang in Pasadena[35], wo alle Gäste Abendkleider trugen, am Ehrenessen teil. Als wir, von meiner Eskorte begleitet, den Saal betraten, begann das Orchester „Garibaldis Hymne", die Hymne der Italienischen Republik[36], zu spielen. Während des gesamten Mittagessens wurde italienische Musik gespielt. Zum Glück gab es keine Reden! Unmittelbar danach wurde ich in ein kleines Apartment des Maryland Hotels gebracht, um mich „frisch machen" zu können. Aber was ich dort gemacht habe (und ich werde nicht ins Detail gehen!), fand unter ununterbrochenem Klingeln des Telefons statt. Was war los? Sie warteten auf die Dottoressa. Fedeli hätte gesagt: „Was zum Teufel? Nicht einmal Zeit zum Atmen!" Als wir in die prächtige Empfangshalle gingen, erwartete uns eine Menschenmenge in Abendkleidern. Mario sah mit seinem Smoking und seiner schwarzen Krawatte zwischen den Herren in Frack und weißen Krawatten nicht gerade zufrieden aus und wirkte verlegen. Ich musste sprechen, während ein katholischer Priester[37] meine Worte Satz für Satz übersetzte. Danach folgte der Empfang.

Pasadena hat eine sehr vornehme Gesellschaft. Es ist eine kleine Stadt in landschaftlich reizvoller Lage. Wegen ihrer vielen Herrenhäuser ist sie noch schöner. Die Reichen und Berühmten haben eine ganze Stadt geschaffen, die mit ihren

---

35 *Am 6. Mai 1915 hatte die Handelskammer von Pasadena einen Empfang zu Ehren von Maria Montessori organisiert.*

36 *Eine berühmte patriotische Hymne, die auf Wunsch von Garibaldi 1858 während des italienischen Risorgimento, der Zeit der Befreiung und politischen Einigung Italiens (ca. 1750–1870), gespielt wurde.*

37 *Der Priester war ein gewisser Fr. Tonelli. Siehe* The California Lectures, *p. 256*

wundervollen Gärten eine ganz besondere Schönheit besitzt.
Natürlich war die gesellschaftliche Elite beim Empfang. Vor
meinen Augen hatte ich die extravagantesten Abendkleider
und eine spektakuläre zur Schaustellung von Schmuck.
Es müssen über siebenhundert Menschen dort gewesen
sein. Meine Lippen waren vom Lächeln so müde, dass sie
weh taten. Aber die Leute machten mir Mut. Viele Damen
überreichten mir Blumen. Vor dem Empfang wurde mir
ein Auto zur Verfügung gestellt. Ich brauchte 45 Minuten,
bevor ich hinunterging. Ich dachte, es wäre niemand im
Auto. Ich war recht überrascht, dass darin eine Dame saß.
Sie war ungefähr in meinem Alter. Sie erzählte mir, dass ihr
Mann Botschafter in Russland gewesen sei, also sprach sie
natürlich Französisch. Sie wurde von einem italienischen
Priester begleitet, der seit zwanzig Jahren in Pasadena lebt.

Dieser Priester, der sich gegenüber der Dame eher devot
benahm, schien die Aufgabe zu haben, sich um Mario zu
kümmern, damit die Dame etwas Zeit mit mir verbringen
konnte. Mario verschwand irgendwann (im Maryland Hotel) mit dem Priester, während ich zur Villa der Dame ging.
Auf dem Weg begegnete uns ein auffälliges Auto. Darin saß
ein lächelnder junger Mann. Die Dame erzählte mir, dass
es ihr Sohn sei, der mit seinem eigenen Wagen herumfuhr.
Als wir bei ihr zu Hause ankamen, wartete ein weiteres, sehr
luxuriöses Auto auf uns, um uns zum Empfang in Pasadena
zu bringen. Die Villa machte einen ausgesprochen eleganten
Eindruck. Im gleichen Moment ging eine Gruppe von
etwa einhundert Frauen, die Abzeichen trugen, vorbei. Sie
gehörten der Christlichen Frauenvereinigung (Protestanten)
an. Sie kamen, um mich zu begrüßen. Die Dame erklärte,
sie sei eine Anhängerin von Tolstoi, nicht übermäßig, aber

aufrichtig. Sie liebe ein bescheidenes Leben und sie fragte mich, ob ich etwas gegen ein einfaches Leben hätte. Nein, im Gegenteil, ich würde auf diese Weise auch gerne Tolstoi folgen. Mit drei oder vier Autos und solch einer schönen Villa könnte ich mich auch bescheiden glücklich fühlen. Die Dame wollte zu meinen Diensten stehen. Als sie aus dem Auto stieg, bot sie mir an, meine Tasche zu tragen. „Sie sind die Königin", sagte sie zu mir. Und ich dachte, dass es mir nichts ausmachen würde, stattdessen die Frau des Botschafters zu sein!

Aber ich bin hier inmitten der Menschenmenge und da ist Mario im Smoking unter den Frackträgern und neben ihm der Priester. Er wird von jungen Männern umworben, die ihm eine Fahrt in ihren Autos, Spiele und alle möglichen Aktivitäten anbieten.

Nächstes Mal erzähle ich mehr! Auf Wiedersehen. Viele Küsse für dich, Papa. Viele gute Wünsche. Alles Liebe an Donna Maria[38], an Sofia[39], die lieben Kinder, die Fancello-Schwestern[40], an Enrichetto und an all unsere Freunde,

M.

38 *Marchese Maria Maraini Guerrieri-Gonzaga (1869–1950) wurde Donna Maria genannt. Sie war eine lebenslange Freundin und Unterstützerin von Maria Montessori.*
39 *Sofia Bertolini ist eine jüngere Schwester von Maria Maraini.*
40 *Die Schwestern Giovanna und Maria Fancello besuchten Montessoris ersten Kurs in Citta di Castello im Jahr 1909 und wurden zu ihren Freundinnen und Verbündeten.*

15. Mai [1915]

Liebster Papa,

wir sind sehr glücklich und es geht uns in meinem Bungalow gut (ein kleines Haus aus Holz mit einem Garten, Virgil
Avenue 625).

Los Angeles ist eine riesige Stadt und die weiten, offenen
Flächen sind gewaltig. Die sehr langen Straßen liegen im
Schatten von Reihen hoher Palmen. Sie sind von blumen-
umsäumten Bungalows flankiert. Das ist die unmittelbare
Umgebung meines Hauses. Es liegt so ruhig, als wären
wir inmitten einer Wüste. Wir lassen die Türen offen,
da sowieso jedermann durch die Fenster hereinkommen
könnte. Auf der offenen Veranda vor dem Eingang sind

zwei Korbstühle, auf denen man sitzen und sich ausruhen kann. Niemand kommt auch nur dicht heran. Der Zeitungsjunge wirft die Zeitungen von der Straße aus auf den Rasen. Wenn wir ihn sehen, holen wir sie rein. (Es besteht keine Gefahr, dass jemand anderes sie nimmt.) Manchmal finde ich große Blumensträuße auf den Korbstühlen, wenn ich nach Hause komme (von Besuchern). Niemals würde jemand, der vorbei geht, die Blumen stehlen. Auch die Post wird auf der Veranda in einem offenen Kasten hinterlassen.

Die Vögel kommen ganz dicht ans Haus (sie sind nicht so scheu wie in Italien). Auf dem Rasen flattern und hüpfen sie uns um die Füße. Alle Arten von Vögeln, oft in leuchtendem Rot oder Blau, mit sehr langen Schwänzen. Vogeljagd ist hier absolut verboten.

In der Nähe unseres Hauses gibt es zwei Parks. Einer ist sehr nah, der andere etwas weiter entfernt. Letzterer hat einen großen See, an dem wir abends spazieren gehen. Der See selbst ist dunkel, aber rundherum gibt es viele Lichter, wie eine riesige Krone. In unserer Nähe kann man ein fantastisches Schauspiel sehen: die Vorderseite eines kinematographischen Luxus-Theaters ist buchstäblich mit elektrischen Lampen übersät. Die gesamte Wand ist in verschiedenen Farben beleuchtet. Es sieht aus wie ein Lichterpalast.

Zwischen diesem Palast und dem See gibt es viele Bäume und Palmen, die den Palast weit entfernt erscheinen lassen. Dennoch leuchtet er wie ein verzauberter Palast in einem Märchenwald. Die ruhige Dunkelheit des Sees bildet einen starken Kontrast zu all dem Licht. In diesem geheimnisvollen Gewässer spiegelt sich voller Poesie der Sternenhimmel.

Das ist *Westlake*, wo Liebende hinkommen, um allein zu sein, um die kühle Abendluft, die Ruhe zu spüren. Unzählige lange, schmale Ruderboote bewegen sich schweigend über den See. Es finden kaum drei Personen in ihnen Platz, wenn sie groß sind (normalerweise sind es nur zwei: der Mann rudert und die Frau sitzt und singt. Oder sie küsst im hinteren Teil des Bootes sitzend die Person, die ihr den Rücken zuwendet. Hier sind sie unverfälscht, sie sind verliebt, voll von Bescheidenheit und Poesie.). Jedes Boot hat eine kugelförmige, leuchtend rote Laterne. Die vielen, sich bewegenden roten Punkte, gehören zu ebenso vielen Booten. Etliche dieser nächtlichen Poeten haben winzige Mandolinen und Violinen, die sanfte Musik von traumhafter Qualität spielen. Es gibt keine professionellen Ruderer, keine Diener. Jeder muss sein eigenes Boot bewegen. Unnötig zu sagen, dass Mario bei uns der Steuermann ist. Er wirft seine Jacke und seinen Hut hinten ins Boot und folgt den Booten, die die süßeste Musik spielen. Nach der Bootsfahrt gehen wir oft in ein luxuriöses Kino. Wir hüpfen und singen und umarmen uns drei in völliger Stille und sind uns vollkommen sicher, dass wir keine Menschenseele treffen werden, und kehren dann zu unserem Bungalow zurück, der natürlich nicht zugesperrt ist. Sobald wir die Tür mit einem einfachen Riegel verschlossen haben, schlafen wir bis zum Morgen – den Schlaf der Unschuldigen.

So sieht unser Leben aus. Hier in Kalifornien sind die Leute unverfälscht. Männer und Frauen gehen ohne Sorge und ohne Argwohn miteinander aus. Frauen sind Männern laut Gesetz gleichgestellt und haben seit langem das Wahlrecht.[41]

---

41 *In den USA erhielten Frauen 1920 das Wahlrecht, in Kalifornien jedoch bereits 1911. In Italien wurde das Frauenwahlrecht 1946 eingeführt.*

Das ist hier also eine ganz andere Welt als bei uns. Die Filme in den Kinos moralisieren. Sie zeigen treue Liebe zwischen verheirateten Paaren und das Glück, Kinder zu haben. Könnte es der Wind des Pazifiks sein, der so viel Frieden schafft? Die Winde, die von dem riesigen Ozean kommen, halten die Luft hier kühl – auf diesem afrikanischen Breitengrad. Sie sagen, es wäre im August auch so. Ich gehe abends in meinem Pelzmantel aus und schlafe unter zwei Wolldecken, obwohl die sechs Fenster meines Zimmers (wie soll ich es ausdrücken?) natürlich offen sind.

Sehr oft gehe ich ohne Mantel aus und so macht es auch Adelia Pyle. Nachmittags machen wir im Schatten der Feigenbäume auf unserer eigenen Grünfläche ein Schläfchen – geschützt von unserer Hecke. Girlanden aus Rosen und Jasmin umgeben unseren Rasen. Für den Moment ist das unser privates Stück Amerika, von wo aus ich Dir meine Küsse schicke, die nach Treuherzigkeit duften.

Alle meine Liebe an Donna Maria, die Kinder, die Fancello-Schwester und Giovannino.

Auf Wiedersehen, Papa,

Maria

*Montessori schreibt nichts darüber, wie ihre Arbeit organisiert war,
über die Kurse, die sie geben sollte, oder wo sie diese abhalten
würde. So müssen wir uns auf die damaligen Zeitungen verlassen,
um Informationen darüber zu erhalten. Die Pläne schienen recht
ehrgeizig zu sein, ebenso wie die geforderten Qualifikationen der
zukünftigen Studenten.*

Das Oregon Daily Journal *berichtete am 25. April 1915, dass
ein Montessori-Lehrerkurs ab dem 1. Mai[42] in Los Angeles ange-
boten werde. „Studenten, die ein Diplom ablegen wollen, müssen
wie folgt qualifiziert sein: vier Jahre High School plus zwei Jahre
pädagogische oder universitäre Ausbildung oder Gleichwertiges.
Außerdem müssen sie den von Dr. Montessoris gegebenen Kurs
über die volle Laufzeit von neun Monaten besuchen." Laut der*
San Bernardino County Sun *vom 18. April 1915 stände diese
Ausbildung unter der Leitung von Katharine Moore, die auch die
Anträge aufnehmen würde.*

Das Oregon Daily Journal *fügte hinzu: „Eine zweite
Gruppe von Studenten, bestehend aus Müttern, Studienanfängern
und anderen, die die inspirierenden Erfahrungen der Montessori-
Methode unter der Dottoressa suchen, wird in einen Sommerkurs
aufgenommen. Diese Gruppe teilt alle Vorzüge der regulären
Studenten außer die Erteilung eines Diploms. Die Vorlesungen
werden im Mai und Juni in Los Angeles abgehalten. Drei Vorführklassen werden zwecks Beobachtungsstunden betrieben.*

---

42 *Wie Montessori in einem ihrer Briefe schreibt, startete der Kurs etwas später.
Nach Angaben von Robert Buckenmeyer gab Montessori ihre erste Vorlesung
am 7. Mai. Siehe* The California Letters, *pp. 3ff und 6ff.*

Die Juli-Sitzung wird in San Diego stattfinden, wo zwei Vorführklassen in einer Oberschule fortgeführt werden. Merkmal dieser Klassen wird sein, dass die Kinder der Gruppen völlig neu zusammengestellt werden, so dass die Studenten die Arbeit in dieser schwierigen Anfangsphase beobachten können. Auf dem Ausstellungsgelände soll eine unabhängige Montessori-Schule betrieben werden. Wahrscheinlich wird der August in San Francisco verbracht werden. Die Pläne dafür sind aber noch nicht ausgereift.“

Einige dieser Pläne wurden verwirklicht, viele wurden geändert sobald neue vorlagen.

[kein Datum, Mai 1915]

Liebster Papa,

gestern hatten wir an der Pädagogischen Hochschule von Los Angeles, wo Pädagogen für die Schulen der Stadt ausgebildet werden, den schönsten Empfang aller Zeiten. Ich war von der Schule dazu eingeladen worden, in einem Vortrag die Methode vorzustellen. Alle Studenten der Schule sowie die Lehrer und Würdenträger der Stadt waren in dem großen Auditorium anwesend, das aus einem Erdgeschoss besteht, das von einem langen Balkon umgeben ist. Es ist Platz für über 1.500 Menschen. Ich saß mit einigen Hundert Amtspersonen auf der großen Bühne. Genau in der Mitte der vordersten Reihe saß Mario. Zu meinen Ehren wurden Reden gehalten, in denen gesagt wurde, dass noch nie zuvor eine so bekannte Person die Hochschule besucht hätte und dass es ein Tag wäre, der unvergesslich sein würde.

Nach den Reden gab es ein einfaches, formloses Mittagessen. Der im Erdgeschoss gelegene Saal war von zahlreichen Fenstern umgeben, wie es hier so üblich ist. Und diese Fenster waren von oben bis unten mit hübschen Gesichtern gefüllt. Eins über dem anderen schauten sie hinein und blickten mich an.

Nach dem Mittagessen gab es zu meinen Ehren eine Aufführung, die die Mädchen der Hochschule vorbereitet hatten. Sie waren alle in Weiß gekleidet, trugen weiße Schuhe und ihre Köpfe waren mit Blumen gekrönt. Um ihre Körper waren lange Girlanden aus frischen Blumen gewickelt. Sie führten zwei Tänze auf. Der eine ging um eine lange, vollständig mit Rosen umhüllte Säule herum. Während des Tanzes umwickelten sie sich gegenseitig mit langen weißen und rosafarbenen Seidenbändern. Der andere Tanz war eher wie ein Spiel mit Girlanden aus frischen Rosen. Unterdessen haben sie auch gesungen. Es waren schöne junge Damen, ihre Haare gut frisiert, viele hatten lange Locken. Es waren hunderte von ihnen und sie sahen wie Engel aus, die im Paradies umherwandern und glücklich lächeln. Als sie fertig waren, verschwanden sie hinter einem Vorhang.

Schließlich kamen sie in einer Reihe zurück, eine hinter der anderen. Sie kamen auf mich zu, um mir die Hand zu geben und mir Blumen zu überreichen. Süß lächelnd, enthusiastisch, in einer endlosen Reihe. Alles um mich herum war mit Rosen und Nelken bedeckt. Fasziniert von dieser wunderbaren Aufführung bemerkte ich gar nicht, dass diese hübschen jungen Mädchen auch Marios Hand schüttelten! Es war auch ein herrlicher Tag für ihn. Es war das erste Mal, dass er an einem Empfang teilnahm und genauso wie ich Komplimente und Grüße erhielt. Danach machten wir uns mit den Mädchen bekannt. Sie hüpften

überglücklich um uns herum. Wir gingen in den Garten
und machten viele Fotos.

Auf einem der Fotos sitzt Mario umgeben von Mädchen
auf dem Boden. Auf einem anderen liegt Miss Pyle zu meinen Füßen. Ich trage darin einen großen Blumenstrauß, der
über ihrem Kopf fast eine Art Dach bildet. Und auf einem
weiteren Foto sieht man Mario, wie er in Eile nicht wusste,
was er mit seinem Hut machen sollte. Schließlich setzte er
ihn auf den Kopf einer Ärztin mittleren Alters. Ihr Name ist
Doktor Jordan. Sie war jedoch sehr glücklich darüber, dass
sie mit seinem Hut fotografiert wurde. Als es Zeit war zu
gehen, nahm die Verabschiedung kein Ende. Die Mädchen
füllten die gesamte Treppe und streckten ihre Hände in
die Luft. Ich hob meine mit Blumen beladenen Hände.
Auf Wiedersehen! Auf Wiedersehen! Eine unvergessliche
Kulisse.

Wir gingen in die Empfangshalle, wo sich die Würdenträger verabschiedeten und beteuerten, dass der Besuch ein

denkwürdiges Ereignis für die Hochschule gewesen sei.
Danach gingen wir zum Auto. Was für ein schönes Fest!
Begraben von Blumen, als ob wir Teil eines fliegenden
Blumenstraußes wären, kamen wir in der Virgil Avenue
625 an.

Herzliche Grüße an Papa und unsere Freunde,

M.

In einem früheren Brief wies Montessori darauf hin, dass sie Anna Fedelis Hilfe für den Kurs wirklich gut gebrauchen könne. Fedeli sprach Englisch und war eine vertraute Freundin. Montessori war daher erfreut zu hören, dass sie auf dem Weg nach Amerika war.

Italien war am 23. Mai in den Krieg eingetreten. Das bereitete den Montessoris große Sorge. Maria begann sofort, für die Sicherheit ihres Vaters Pläne zu schmieden. Sie dachte, er könnte sich in Barcelona bei Anna Maria Maccheroni wohler fühlen. Sie war eine enge Freundin und Mitarbeiterin, die im März desselben Jahres dorthin gegangen war, um eine Montessori-Klasse zu eröffnen und sich auf einen Montessori-Kurs vorzubereiten. Am 27. Mai schickte Anna Maccheroni einen Brief an Alessandro, in dem sie das Leben in Barcelona beschrieb und ihm mitteilte, dass er bei ihr herzlich willkommen sei. Am 24. Juni schrieb Maccheroni an Sig. Brunelli, der sich um Alessandro Montessori kümmerte und ihn nach Barcelona begleiten wollte, sie bedauerte es sehr, dass Alessandro sich weigere, Rom zu verlassen. Er würde die Stadt zu sehr vermissen. In dieser Hinsicht gab es keine weiteren Neuigkeiten.

In mehreren ihrer Briefe schrieb Maccheroni, sie erwarte Montessori im September 1915 in Barcelona. Ein Hinweis darauf, wie vage Montessoris Pläne waren.

Oben auf der Seite steht geschrieben: Das Telegramm über die Abreise von Fedeli ist angekommen.[43]

29. Mai 1915 [Empfangsdatum: 19. Juni]

Liebster Papa,

ich war völlig entsetzt, als wir die Nachricht über den Krieg erhielten. Es klang, als ob Flugzeuge in Italien eingefallen sind und die Hölle losgebrochen ist.

Aber nun sieht es so aus, als ob sich die Nachrichten bessern. Es scheint, dass die Italiener fast triumphierend nach Trentino und Triest vorrücken, ohne Widerstand. Vorläufig müssen wir keine Invasion Roms fürchten, wo Du, lieber Papa, im friedlichen Schutz der Villa Cocchi weilst. Du wirst wohl mit Deinem guten Freund zusammen draußen essen, wenn die Hitze nicht zu stark ist.

Ich habe an Enrico geschrieben, dass Du versuchen könntest, im Sommer nach Barcelona zu fahren. Vorausgesetzt, Du bist kräftig genug, um solche eine lange Reise zu überstehen. Maccheroni und viele gute Freunde würden alles tun, um eine angenehme Unterkunft für Dich zu finden und Dir Gesellschaft zu leisten.

Nur für den Fall, dass Du in Gefahr bist. Andererseits leben die Menschen in Frankreich und England seit Monaten wie gewohnt ihr Leben und es wird für die Deutschen nicht einfach sein, in Rom einzumarschieren.

Wie auch immer, ich habe Enrico gerade gebeten, diese Möglichkeit zu überprüfen. Wenn Du das Gefühl hast, dass es gut wäre, an einem sicheren Ort zu sein, gehört

43 *Anna Fedeli fuhr mit dem Schiff am 27. Mai 1915 aus Neapel los.*

alles, was ich habe, dir. Es gibt keinen besseren Weg, es zu verwenden, als Deinen und meinen Seelenfrieden zu schützen.

Uns geht es sehr gut, bis auf diese Hitze, die vor zwei Tagen eingebrochen ist und die, wie ich finde, mit der in Afrika verwandt ist. Es gibt keinen Wind und die Hitze ist hier, um zu bleiben. Aber sobald eine gesegnete Brise vom Pazifik kommt, wird sie auch die äquatoriale Hitze wegblasen, denke ich. Die Früchte sind sehr schmackhaft und saftig. Es gibt sie so reichlich wie im gelobten Land. Wir können einfach nicht aufhören, Orangen und Bananen zu essen.

Eine große Umarmung für dich, liebster Papa. Grüße an Enrico,

Mimi

Am 22. Mai 1915 druckte das Daily Capital Journal *ein
Interview mit Maria Montessori ab. Thema waren ihre Gedanken
über Frauen und über den Krieg in Italien. „Ich denke, dass es
nichts gibt, was den Krieg rechtfertigt", sagte sie. „Krieg ist nichts
anderes als ein Duellieren im großen Stil. Und das Duellieren ist
aus der Mode gekommen." „Wie sehen die italienischen Frauen
den bevorstehenden Krieg mit Österreich?" „Sie haben es als das
Unvermeidliche akzeptiert und sind vorbereitet. Die italienischen
Frauen wurden gerufen, wie auch Soldaten gerufen werden. Seit
Monaten wird den Italienerinnen beigebracht, Männer zu ersetzen.
Sie sollen die Dinge tun, die Männer hinter sich gelassen haben,
als sie an die Front gezogen sind. Es wurden die Dienste meiner
Lehrer im Krisengebiet angefordert. Und sie werden sich dort um
sehr viele Kinder kümmern. Frauen werden seit einigen Monaten
für verschiedene Aufgaben organisiert und darin ausgebildet.
Und sie sind auf Eventualitäten vorbereitet." „Wie sehen meine
älteren Schüler und die Lehrer meines Systems den Krieg?"
„Das Montessori-Bildungssystem steht damit überhaupt nicht im
Einklang."*

*Der folgende Brief zeigt noch einmal, wie wenig formal vereinbart
worden war. Zeitungen kündigten bereits im Februar 1915 die
Teilnahme von Montessori an der Weltausstellung in San Francisco an. Aber aus diesem Brief geht hervor, dass nichts wirklich
geregelt war.*

31. Mai [1915. Eingangsdatum: 26. Juni]

Mein lieber, lieber Papa,

was für eine schöne Überraschung heute Morgen, als ich
Deinen Brief erhielt! Du hast wundervoll geschrieben,
so voller Jugend! Abgesehen von den lieben und guten
Dingen, von denen Du berichtest, sagte der Brief mir auch:
Papa geht es gut, Papa ist freudig und froh und munter.
Bravo!

Du möchtest wissen, wie der Kurs vorankommt? Habe
ich Dir davon nicht berichtet? Vielleicht hast Du den Brief
noch nicht erhalten.

Ich habe so große Sorge davor, Dir meine Neuigkeiten
mitzuteilen. Ich fürchte, Dich damit unglücklich zu machen
und Deinen Seelenfrieden zu zerstören. Ich bin hier Sünde-
rin, umgeben von Versuchungen. Hundert verschiedene
Teufel versuchen mich in die Irre zu führen. Es ist ein
wahres Inferno. Sogar die kleine Insel Honolulu[44] und die
Mormonen haben mich eingeladen. Aber ich kann allem
widerstehen.

Eines ist jedoch besonders verlockend. Und es macht
mir Angst, weil ich befürchte, dass ich nachgeben werde.
Diese teuflische Verführerin ist die Weltausstellung von
San Francisco. Sie schreit und schreit so sehr nach meiner
Aufmerksamkeit, bis ich mich dazu entschließen werde,
nicht nur im August da zu sein, sondern auch im September
und möglicherweise sogar noch im Oktober. Wenn ich
drei Monate in San Francisco verbringe, könnte ich meine

35

---

44 *Honolulu ist keine Insel, sondern die Hauptstadt von Hawaii. Sie liegt auf der*
    drittgrößten Insel des Archipels (O'ahu).

Reisen halbieren. Es kommen in dieser Zeit die bedeutendsten Pädagogen aus den verschiedenen Teilen der Welt zu
einem internationalen Kongress[45], der bereits vor langer
Zeit vorbereitet wurde. Bildung ist das Hauptthema der
Ausstellung von San Francisco. Das Kongressmotto lautet:
„Die Ausstellung von Chicago im Jahr 1905[46] konzentrierte
sich auf die Entwicklung öffentlicher Gebäude und privater
Häuser. Die große Ausstellung von San Francisco im Jahr
1915 muss die Entwicklung der Menschheit zum Ziel haben." Meiner Methode würde ein Ehrenplatz zugesprochen
werden, fast so, als ob sie die Hoffnung für die Zukunft ist.
Sie würde Pädagogen aus aller Welt vorgestellt und von
ihnen begutachtet werden.

Es ist also eine außergewöhnliche Gelegenheit, erfolgreich zu sein oder zu scheitern – aber möglicherweise
erfolgreich zu sein! Ein Professor der Universität von San
Francisco, der auch einer der Organisatoren der Ausstellung
ist, würde dafür sorgen, dass für diesen Zweck ein spezieller
Kurs weithin bekannt gemacht wird. Dieser würde auf dem
Ausstellungsgelände im August, September und Oktober
stattfinden – mit einer Klasse im Italienischen Pavillon
(mit italienischen Kindern) und einer Klasse im Palast
der Bildung (mit amerikanischen Kindern). Frauen aller
Frauenclubs und -vereinigungen würden an diesem Projekt
beteiligt sein. Und ein Komitee verschiedenster amerika-
nischer Frauen wäre für die Organisation verantwortlich.

---

45 *Die Tagung der* National Education Association *(NEA) in Oakland wurde
   am 16. August 1915 eröffnet.*
46 *Montessori war sich mit dem Jahr nicht sicher, denn sie strich 1905 durch. Sie
   bezieht sich auf die* World's Columbian Exposition *oder auch Weltausstellung in Chicago 1893, bei der ein Jahr verspätet der 400. Jahrestag der
   Ankunft von Christoph Kolumbus in der Neuen Welt im Jahr 1492 gefeiert
   wurde.*

Außerdem würde ich eine ordentliche Summe erhalten und es wären ja lediglich für zwei weitere Monate ... Was soll ich tun? ... Ich habe mich noch nicht entschieden, aber ich gräme mich und bin dabei, der bösen Versuchung nachzugeben. Der Generalminister für Bildung aller amerikanischen Staaten[47] unterstützt diese Idee. Er erwägt die Möglichkeit eines von mir gegebenen Kurses, unter dem Vorbehalt des Urteils von Pädagogen aus der ganzen Welt, um dann vielleicht meine Methode in den USA zu starten. Es passiert hier so viel. Die Chinesen und die Japaner sind ebenfalls an einem solchen Projekt interessiert – also an einer Überprüfung.

Ich fürchte, dass sie mich als Idiotin bezeichnen werden, wenn ich ablehne. Es würde fast so aussehen, als hätte ich Angst davor, wenn ich diesen Test nicht annehme ... Und vielleicht wäre es eine Vorbereitung für eine schöne Zukunft. Mein einziges Problem ist, dass Du möglicherweise darunter leidest und ich Dich weitere zwei Monate nicht sehen werde. Aber wenn es Dich nicht verärgert und Du mir Deinen Segen gibst, werde ich stark sein und die Prüfung annehmen.

Deine,

M.

---

47 *Montessori bezieht sich auf Philander P. Claxton (1862–1957), den Bildungsbeauftragten der Vereinigten Staaten von 1911 bis 1921. Dem Leiter des Bundesamts für Bildung, das historisch dem Innenministerium der Vereinigten Staaten von Amerika untergeordnet war, wurde der Titel „Bildungsbeauftragter" verliehen. Der Beauftragte war für die Formulierung der Bildungspolitik, die Verwaltung der verschiedenen Funktionen des Bildungsamts und die Koordinierung der Bildungsangebote auf nationaler Ebene verantwortlich. Montessori brachte ihm anscheinend viel Respekt entgegen, weil sie ihn oft als General- oder Premierminister des Bildungswesens bezeichnete.*

Ganz oben auf der Seite: Fedeli wird übermorgen Abend eintreffen [Sonntag, 13. Juni – CM].

Geschrieben auf einem Papier mit dem Briefkopf:
Internationale Montessori-Ausbildung
Los Angeles – San Diego – San Francisco

Büro von Dr. Maria Montessori

11. Juni [1915. Eingangsdatum: 6. Juli]

Liebster Papa,

38

heute schreibe ich Dir auf einem Papier mit dem Briefkopf meines Büros. Wir haben auch eine Schreibmaschine. Der erste Vorrat an Briefpapier beträgt 500 Blatt. Mit jedem Tag steigt die Anzahl der Teilnehmer. Heute hatten wir acht neue Anmeldungen. Und stelle Dir vor, das ist neu, wir haben zwei männliche Teilnehmer. Und sie sind nicht jung. Beide haben bereits weißes Haar. Einer von ihnen war Bürgermeister einer Stadt in der Nähe von San Francisco. Er hat sich mit seiner Frau und einer seiner Töchter für den Kurs angemeldet.[48] Eine andere Teilnehmerin kommt mit

---

48 *Jackson Stitt Wilson (1868–1942) war von 1911 bis 1913 Bürgermeister der Stadt Berkeley in Kalifornien. In den ersten Jahrzehnten des 20. Jahrhunderts war er auch ein führender christlich-sozialistischer Politiker. Wilson war mit Emma Agnew verheiratet. Er hatte zwei Söhne und zwei Töchter. Da seine Tochter Gladys Viola eine Stummfilmschauspielerin war, die unter dem Künstlernamen Viola Barry bekannt war, besuchte wahrscheinlich Wilsons Tochter Violette den Montessori-Kurs. In einem undatierten Zeitungsartikel beschrieb Wilson brennend vor Begeisterung die Arbeit von Montessori, wahrscheinlich Ende Juli 1915.*

sechs weiteren Personen und möchte noch mehr mitbringen. Da einige von ihnen die Gebühr nicht zahlen können, sagte sie zu ihnen: „Versuchen Sie, das Geld aufzubringen. Wenn Sie es nicht schaffen, werde ich mein Haus verkaufen und die Kosten für Sie übernehmen. Aber verpassen Sie diese Gelegenheit bitte nicht!" Es gibt so viel Begeisterung und ich bin so glücklich.

Papa mio, seit ich hier bin, hatte ich bereits dreimal denselben Traum – einen sehr seltsamen, weil er so real erscheint. Ich träume jedes Mal, dass ich zu Dir zurückkehre und Dich fröhlich und gesund vorfinde. Ich sage dann zu dir: „Siehst Du, ich habe diese lange Reise gemacht, nur um Dich für einen kleinen Moment zu sehen. Ich muss sofort wieder los." Und Du sagst: „Du reist schon wieder ab?" Und ich sage: „Ja, natürlich. Ich muss wieder zurück. Aber ich wollte Dir unbedingt kurz Hallo sagen." Die lange Reise scheint sehr real. Auf diese Weise kann ich Dich tatsächlich sehen und ich habe Dich bereits dreimal gegrüßt. Das zeigt, wie gerne ich wieder bei Dir wäre!

Wenn Du diesen Brief erhältst, sind wir möglicherweise schon auf dem Weg nach San Diego. Dort werden wir es gut haben: das Meer, die bezaubernde Bucht und die Ausstellung. Habe ich Dir jemals gesagt, wie schön San Diego ist? Ich glaube, das habe ich schon. Wirklich beeindruckend finde ich die langen Straßen in der Mitte der Bucht, auf denen man mit einer Kutsche über das Meer fahren kann, und die unglaubliche Menge von Wasserflugzeugen (Flugzeuge, die wie Schwärme von Vögeln und Möwen ununterbrochen fliegen und oft fast das Wasser berühren). Es gibt außerdem einen Flugplatz und eine der größten Flugschulen der USA.

Ich verschlinge die Zeitungen, die Du mir geschickt hast.
Diejenigen, in denen der Krieg erwähnt wird, sind noch
nicht eingetroffen. Sie berichten von den vorangegangenen
Tagen, als die Begeisterung für ihn rasend, ja extrem war.
Giolitti[49] hat nicht mehr das Vertrauen der Menschen. Da
ich nur selten Nachrichten per Telegraph erhalte, konnte
ich viel aus diesen Zeitungen erfahren. Jetzt, da ich weiß,
wie es bei mir weitergehen wird, interessieren mich diese
Ausführungen der Vorbereitungen sehr. Bleib gesund, Papa
mio, zusammen mit Deinem guten Freund Enrichetto.
Deine Mimi (Maria bei bester Gesundheit)

---

49 *Giovanni Giolitti (1842–1928) war ein italienischer Politiker. Zwischen 1892*
    und 1921 war er für fünf Amtszeiten Ministerpräsident von Italien. Giolitti
    stellte sich 1915 gegen den Eintritt Italiens in den Ersten Weltkrieg mit der
    Begründung, Italien sei militärisch nicht vorbereitet.

Oben auf der Seite ist vermerkt: Ich habe zwar Donna Maria
geschrieben, aber schicke ihr bitte dennoch regelmäßig gute
Grüße von mir.

12. Juni 1915 [Eingangsdatum: 6. Juli]

Mein Liebling Papa,

die gute Nachricht über den Krieg ist mir ein großer Trost.
Es scheint, dass er vorerst außerhalb der Grenzen Italiens
geführt wird. Und wenn man sich nicht als Freiwilliger
meldet, wie es viele Männer in Deinem Alter getan haben,
denke ich nicht, dass Du in Gefahr bist. Ich hoffe, dass Du,
Papa, auch wenn Du Dich stark und frisch fühlst, keinen so
dummen Fehler machst!

Und noch einmal, wenn Du Urlaub in Barcelona machen
möchtest, probiere es aus, aber ich werde nicht darauf
bestehen. Ich weiß, dass die Enkelkinder (die Kinder von
Ettore) Dich besuchen würden und Dir Gesellschaft leisten
könnten. Als ich davon hörte, war ich so glücklich. Lass
Dich nicht unterkriegen!

Wie auch immer, Du machst kurze Ausflüge nach Anzio,
nicht wahr? Ich werde es mit dem Generaldirektor Cav.
Brunelli klären.

Im Moment denke ich nicht, dass all das Gerede über
den Krieg und die Hilfspläne erbaulich ist. Es wäre viel
gesünder, das Thema zu wechseln.

Wenn ich Dir stattdessen eine Beschreibung unserer Hilfe geben würde, wäre das nicht interessant? Carmen! Unsere gute Carmen beschwert sich – zur Abwechslung – darüber, dass ihr die enorme Arbeit in diesem Haus zu viel wird und sie bittet um mehr Unterstützung. Wir haben bereits einen chinesischen Mann, der ihr hilft. Er bringt die Einkäufe nach Hause und putzt jeden Samstag das ganze Haus. Ansonsten wird unter der Woche nicht geputzt. Dieser gute Chinese wäscht und plättet auch die Bettwäsche, er bügelt unsere Kleidung, näht Knöpfe an usw. Aber das reicht Carmen nicht. Wir machen unsere Betten oft selbst, da es vorkommt, dass wir uns für ein kurzes Schläfchen auf ein ungemachtes Bett legen. Aber das ist kein Problem, da wir hier nicht immer im selben Bett schlafen. Jedes Schlafzimmer hat eine Art überdachten Balkon, auf dem man im Freien schlafen kann, sodass Matratze und Laken zwischen dem Bett und der Terrasse hin- und herwandern.

Das gezierte Verhalten, das Carmen auflegt, ist wirklich sehr lustig. Sie gibt ständig Anweisungen und Ratschläge: „Sie sollten dieses Ding nicht benutzen, weil es sehr teuer ist und zerbrechen könnte. Wäre es nicht besser, diesen Stuhl auf den Teppich zu stellen?" Anfangs waren die Mahlzeiten, die Carmen für uns kochte, alle sehr ähnlich: Suppe aus in Scheiben geschnittenen Tomaten, Gewürznelken und Pfefferkörnern, gefolgt von Fleisch, das sie immer auf die gleiche Weise zubereitete.

„Carmen", sagte Miss Pyle vorsichtig, „könnten Sie nicht eine andere Art von Suppe zubereiten?" „Sie möchten, dass ich diese Suppe nicht mehr mache? Aber dann wäre es kein Mittagessen. Ohne Suppe ist es kein Mittagessen." Für sie gab es also nur diese eine Art von Suppe.

„Carmen, könnten Sie vielleicht paar Eier zubereiten?"
„Eier? Eier sind doch ebenso nahrhaft wie Fleisch. Man
kann doch nicht Eier und Fleisch zur gleichen Zeit haben."
Es war mit unglaublich viel Anstrengung verbunden, ihr
klar zu machen, dass das Mittagessen nicht immer gleich
sein muss.

Eines Abends rief ich nach ihr. Sie erschien in einem
Seidenmantel, mit offenem Haar, Rouge auf den Wangen
und mit himmelblauen Schuhen aus Satin an den Füßen. Sie
machte sich zum Ausgehen fertig.

Manchmal gehen wir abends ebenfalls aus. Als wir einmal
gegen 23 Uhr zurückkehrten, bewegte ich mich ganz
leise, um Carmen nicht zu wecken. Doch während wir
einen Mitternachtsschmaus hatten, hörten wir ein leises
Geräusch … Es war Carmen, die in einem glitzernden Kleid
eine Stunde nach uns nach Hause kam.

Tagsüber geht Carmen aus. Am Sonntag verschwindet
sie gänzlich. Unter diesen schrecklichen sonntäglichen
Bedingungen hat sich Pyle damit abgefunden, dass sie einen
Salat und Mario ein Omelett zubereitet.

Die Leute sagen zu uns: „Sie haben eine Hausangestellte!
Haben Sie ein Glück! Sie sind so schwer zu finden." Und
das zu einem wahrlich lächerlichen Gehalt (125 Lire pro
Monat). Geduld, Geduld! Jetzt haben wir uns damit abgefunden, aber am Anfang dachten wir: „Entlassen wir
sie. Wir stellen jemand anderes ein." Nun, es ist einfach,
sie wegzuschicken, aber eine andere zu finden, die alles
tut, … das ist beinahe unmöglich. Es schien uns, dass sie
nichts oder so gut wie nichts tut. Aber man muss sich an die
Regeln halten. Hier sind alle Menschen gleich. Es gibt keine

Herren und Diener. Frauen, einschließlich der Bediensteten, haben das Wahlrecht. Andere Länder, andere Sitten!

Glücklicherweise hat sogar Carmen ein gewisses Selbstwertgefühl. Sie hat sich vorgenommen, italienisch zu kochen. Sie liest Kochbücher und geht in eine Kochschule. So konnten wir endlich *spaghetti al burro*[50] und riso in *brodo*[51] mit Innereien essen. Arme Carmen ... „Die Verleumdung, sie ist ein Lüftchen" wie man sagt.[52]

Mit diesen Worten umarme ich euch beide. Euch beide? Ja, *Enrichetto dal ciuffo* natürlich auch.[53]

MM

44

---

50 *Spaghetti mit Butter*
51 *Reis in Brühe*
52 *Eine Arie aus Gioachino Rossinis Oper* Der Barbier von Sevilla, *Akt 1, Szene 6 „La, na calunnia è un venticello".*
53 *Ein Witz. Montessori bezieht sich auf* „Riquet à la houppe" [Riquet mit dem Schopf], *ein französisches Märchen, das erstmals 1697 von Charles Perrault in* Histoires ou contes du temps passé *veröffentlicht wurde.*

Geschrieben auf einem Papier mit dem Briefkopf:
Internationaler Montessori-Ausbildungskurs
Los Angeles – San Diego – San Francisco
Im
Büro von Dr. Maria Montessori[54]

19. Juni [1915]

gibt es keine Stifte für die oben genannte Doktorin, weil
jeder schreibt und sämtliche Federkiele, Federhalter, Füll-
federhalter und die Schreibmaschine verwendet werden, so
dass es für die arme Dr. Montessori nichts weiter als einen
Bleistiftstummel gibt.

45

Am Sonntag um sechs Uhr kam Fedeli glücklich hier
in Los Angeles an. Ich war um vier Uhr am Bahnhof,
aber es gab diese leichte Verspätung ... (Beklage Dich nie
über die italienischen Eisenbahnen!!). Sie kam nach dieser
kurzen Reise frisch und lächelnd an! Wir gingen sofort in
ein Restaurant, weil es ein Sonntag war, an dem unsere
schöne Carmen nicht auffindbar war und das Abendessen
aus Brot und Aufschnitt bestanden hätte. Danach fragten
wir uns: „Was machen wir morgen?" Und wir beschlossen,
am nächsten Tag einen Ausflug ans Meer zu machen. Man
fährt mit einer elektrischen Straßenbahn dorthin und
besucht gleich drei Städte in Folge: Santa Monica, Venice
und Ocean Park. Durch diese drei Städte, die drei Zentren

---

54 *Ein Witz. Montessori war stolz darauf, ihr eigenes Briefpapier, Büro und
Personal zu haben.*

des sorglosen amerikanischen Lebens verkörpern, führt eine flache Straße am Meer entlang ins Unendliche. Die Tanzlokale wurden inmitten der Wellen in einer Entfernung von zwei- oder dreihundert Metern von der Küste gebaut und durch einen Pier mit kleinen Läden, Schießbuden, Cafés und allerlei Unterhaltung verbunden. (Hier bauen sie gerne Straßen und Gebäude ins Meer.) Am Abend leuchten die Tanzlokale von oben bis unten mit Lichtern und viele haben Scheinwerfer, die lange Lichtkegel erzeugen. Es gibt sehr hohe Achterbahnen, gewaltige Riesenräder, die sich drehen und die winzigen Leute in schwindelerregende Höhen bringen, Kinos und Orte, um den Appetit zu stillen usw. Inmitten dieser amerikanischen Unterhaltung kannst Du das nächtliche Rauschen des Pazifischen Ozeans hören.

Dort haben wir Fedelis Ankunft gefeiert. Sie erzählte uns alles über Italien und ich verschlang ihre Geschichten. Was für Ereignisse, was für eine Angst!

Ich hoffe, Du wirst mit der Frau, die Frida abgelöst hat, zufrieden sein.[55]

Wir alle umarmen Dich herzlich,

Maria

Ein Telegramm vom 10. Juni 1915 kündigte die Ankunft von Lina Olivero in Rom am nächsten Morgen an, um Anna Fedeli als Begleiterin für Alessandro Montessori abzulösen.

---

55 *Frida Schwarz war Montessoris Haushälterin/Köchin in Rom. Sie kümmerte sich beim ersten Besuch in Amerika 1913 um Maria Montessoris Vater und ihren Sohn. Ihrem Namen nach war sie Deutsche und hatte möglicherweise wegen des Krieges fliehen müssen.*

Geschrieben auf einem Papier mit dem Briefkopf:
Internationaler Montessori Ausbildungskurs
Los Angeles – San Diego – San Francisco

Büro von Dr. Maria Montessori

20. Juni [1915. Eingangsdatum: 21. Juli]

Lieber Papa-rino,

vorgestern erlebten wir eine ziemliche Überraschung: Ich
bin aufgewacht, weil mein Bett schwankte! Und einen
Moment später kamen Fedeli und Mario in mein Zimmer
und sagten: „Ein Erdbeben!"[56] Doch die anderen Leute im
Haus bemerkten nichts. Da ich weiß, wie wir mit solchen
Ereignissen in Rom umgehen, gehe ich davon aus, dass italienische Zeitungen über die Zeit, die Stärke usw. berichten.
Und glaube nicht, dass es auch nur die geringste Warnung
gegeben hätte.

Wir haben festgestellt, dass die Dinge hier ganz anders
ablaufen als bei uns in Italien. Deshalb beurteilen sie die
Ereignisse und ihre Bedeutung anders. Weißt Du zum
Beispiel, was Mario auf der Straße gesehen hat, als er nach
Hause gekommen ist? So etwas würden wir in Italien
niemals erleben! Er beobachtete, wie ein ganzes Haus

47

---

56 *Am frühen Morgen des 22. Juni 1915 ereigneten sich in räumlicher und
zeitlicher Nähe zwei Erdbeben mit einer Stärke von 5,5 auf der Richterskala.
Montessori hat den Brief falsch datiert. Er muss am 24. Juni 1915 verfasst
worden sein.*

samt Fenstern und Vorhängen versetzt wurde. So wie in unserem Land die erfahrensten Umzugsmänner Schränke, die mit Dingen gefüllt sind, von einem Haus in ein anderes bringen, wo sie diese dann aufstellen müssen. Auf diese Art und Weise bewegen sie hier das gesamte Haus. Dies zeigt gleichzeitig aber auch, wie breit die Straßen sind und wie klein die Häuser!

Es fehlt nur der Boden vom Erdgeschoss: Das Haus wird auf Querträger mit Rädern gehoben und von starken Pferden gezogen. Wenn es an seinem neuen Platz ist, werden die Balken entfernt, das Haus wird am Boden befestigt, der Fußboden wird verlegt und ... sie gehen ins Bett! Du verstehst nun, warum sie mit ihren reisenden Häusern keine Angst vor Erdbeben haben. Sie haben sich daran gewöhnt, von einem Ort zum anderen zu ziehen. Und sie haben sich so sehr mit dem Umziehen identifiziert, dass die einzige Bemerkung, die sie beim Bummeln während eines Erdbebens abgeben, lautet: „Gönnen Sie sich einen schönen Spaziergang und schauen Sie sich um."

Mario mag unser Haus inzwischen sehr gern. Er tritt kaum noch durch die Tür herein. Er geht lieber durch eines der unzähligen Fenster im Erdgeschoss oder steigt durch einen der Balkone im ersten Stock.

Wir sind jedoch im Begriff, dieses Haus zu verlassen. In ein paar Tagen fahren wir nach San Diego. Ich sage Dir etwas Lustiges, wir nehmen Carmen, unsere einzigartige und günstige Hilfe, mit! Weil es unmöglich ist, solch eine Perle in San Diego zu finden!

Ich sende Dir viele, viele Küsse, mein Papa. Ich hoffe, es geht Dir gut – besser als das. Auf Wiedersehen an Dich und Righetto.[57]

M.

Seit Fedeli vor zwölf Tagen eingetroffen ist, habe ich nichts Neues von Dir gehört.

Alles Liebe,

Maria

---

57 *Kurz für Enrichetto.*

LETZTE TAGE IN LOS ANGELES

Adresse auf dem Umschlag:
Cav. Alessandro Montessori
25 Via Conte Rosso, Rom (Italien)

[Poststempel: Los Angeles, 23. Juni 1915.
Poststempel: Rom, 22. Juli 1915]

Der Umschlag enthält zwei Postkarten und Fotos von Mario beim Angeln und von Maria Montessori mit Adelia Pyle.

Mario beim Angeln

Auf der einen Postkarte steht geschrieben: „Über dem
Wasser des Pazifischen Ozeans siehst Du fliegende Fische.
Die beigefügten Fotos sind allein für dich. Wir haben keine
anderen Abzüge."

Und auf der anderen: „Die letzte Reise von Los Angeles aus
führte zu der Insel Santa Catalina im Pazifischen Ozean.[58]

58 *Die felsige Insel Santa Catalina liegt 22 km südwestlich von Los Angeles
entfernt. 1915 war es ein praktisch unbewohntes Ferienrückzugsgebiet mit
zahlreichen touristischen Anlagen, von denen viele im November desselben*

Ein etwas maroder Fischmarkt. Viele Küsse und Grüße. Uns geht es sehr gut."

Maria Montessori mit Adelia Pyle

Ein achtseitiger Brief vom 21. Juni 1915 wurde weggelassen, da er eine sehr detaillierte Beschreibung eines Stummfilms enthält. Obwohl Montessori den Namen nicht erwähnt, handelt es sich um The Birth of a Nation, *einen Stummfilm von D.W. Griffith, der im Februar 1915 erschien. Dieser vierstündige Film zeigt die Beziehung zwischen einer Familie aus den Nordstaaten und einer aus den Südstaaten während und nach dem Bürgerkrieg, die Abschaffung der Sklaverei und die Ermordung von Präsident Lincoln. Die innovativen Filmtechniken – Dramatisierung von Geschichte und Fiktion, neue Kameratechniken, mit Musik von einem live-Orchester – machen diesen Film zu einem der wichtigsten Filme der Filmgeschichte. Ursprünglich wurde er aufgrund des reinen Melodramas und der spektakulären Kampfszenen positiv aufgenommen – jedoch wurde er bald als rassistisch*

Jahres bei einem Brand zerstört wurden. Sie müssen dort eine schöne Zeit gehabt haben, denn wenn Montessori sich niedergeschlagen gefühlt hatte und etwas brauchte, um sich aufzuheitern, sagte sie: „Lasst uns Parfüm anlegen und nach Catalina fahren." Siehe Rita Kramer, S. 220.

und ungenau dargestellt kritisiert. Es kam in den Großstädten
der USA zu Unruhen. Montessori war von der Geschichte, den
Schauspielern und den technischen Errungenschaften von Griffith
sehr beeindruckt. Sie konnte die Implikationen der zugrunde
liegenden Stimmungen wahrscheinlich nicht einschätzen, da sie die
tief verwurzelten Spannungen zwischen weißen und schwarzen
Gemeinden in den USA nicht erlebt hatte.

[Letzte Juniwoche 1915]

Liebster Papa,

ich habe Dir einen Brief geschickt, in dem ich den Krieg
zur Befreiung der Sklaven im Süden der Vereinigten Staaten
beschrieben habe. Ich hoffe, dass er ankommt. Lass mich
wissen, wenn Du ihn erhalten hast.

Es geht uns sehr gut. In ein paar Tagen werden wir nach
San Diego aufbrechen, wo das Leben viel abwechslungsrei-
cher und schöner sein wird. Dann werde ich Dir mehr zu
berichten haben. Ich werde Dir Postkarten etc. schicken.

Hier in Los Angeles sind wir in unserem Bungalow wegen der großen Entfernungen eher isoliert. Die Monotonie
bietet nicht viel, über das es sich zu erzählen lohnt.

Alles Liebe. Bleib gesund, mein lieber Paparino! Liebe Grüße an Enrichetto, Donna Maria, die Fancello-
Schwestern.

Deine,

M.

Unser Bungalow hat einen Garten. Von dort können wir die
anderen nahegelegenen Gärten sehen. Die Nachbarfamilien

haben Kinder. Eine Gruppe von ihnen hat sich in unseren Garten geschlichen, um ihren Hahn einzufangen. Er kam zu uns, weil immer ein Teller mit Brotkrumen in der Mitte unseres Rasens steht. Wir hatten einige didaktische Materialien im Haus und diese Kinder begannen mit ihnen zu arbeiten. Dann kamen weitere Kinder, und sie erlangten erstaunliche Ergebnisse. Schließlich interessierten sich die Mütter dafür. Und diejenigen, die ihre Kinder ieinem Kindergarten haben, fingen an, sie zu uns zu bringen. Langsam wird aus unserem Haus eine Schule: Die Kinder machen sich im Garten, im Esszimmer und im Salon breit. Die Mütter haben sich zusammengetan. Sie wollen mein Haus mieten und in eine Schule verwandeln. Auf diese Weise werde ich einen kleinen Samen hinterlassen und mein Haus wird für die Kinder bleiben. Amen! Alles wegen eines Hahns ...

Mario (2. vl) mit Hahn, Maria Montessori sitzend, rechts von ihr Adelia Pyle. Die anderen Damen könnten Helen Parkhurst und Anna Fedeli sein.

Briefe aus San Diego

Anfang Juli kam Montessori in San Diego an. Die Hoisington Dispatch *vom 22. Juli 1915 veröffentlichte den folgenden Bericht mit dem Titel: „**Sommerschule in San Diego**
Nach Abschluss aller Planungen und einer großen Anzahl von Anmeldungen, wurde am 5. Juli die Sommerschule unter günstigen Bedingungen auf der Ausstellung in San Diego eröffnet. Vorlesungen werden täglich bis zum 13. August abgehalten. Die Schule, die unter der Schirmherrschaft der Pädagogischen Hochschule in San Diego, der Carnegie Endowment for International Peace, der School of American Archaeology und des Montessori Institutes steht, hat an ihrer Fakultät einige der bekanntesten Pädagogen der westlichen Welt. Hervorzuheben ist die Schule für Kinder, die unter der Leitung von Dr. Maria Montessori, der bekannten Gründerin dieser Lehrmethode, betrieben wird. Diese Schule ist in einem Wildblumenfeld hinter dem California Building eingerichtet und zieht jeden Tag große Scharen von Eltern an, die sich für die Montessori-Methode interessieren."*

Oben auf der Seite steht geschrieben: Beachte die Seitenzahlen!

[Kein Datum, Anfang Juli 1915]

Liebster Papa,

kaum waren wir in San Diego angekommen, als uns Dein (oder besser gesagt Marainis) Telegramm erreichte, in welchem Du schreibst, dass Du keine Einwände gegen den

Kurs in San Francisco hast – die Verpflichtung für mich, zwei weitere Monate hierzubleiben. Nach meinen zwei Monaten wird Fedeli, die von allen sehr vertrauensvoll aufgenommen wurde, einen weiteren Monat mit den Studierenden üben. Der Kurs ist also gesichert. Dieser kann hier in San Diego im Juli beginnen und mit mir im Juli, August, September, Oktober fortgeführt werden. Oder er beginnt im August, September und Oktober mit mir in San Francisco und dann im November mit Fedeli.

Der Generalminister für Bildung der Vereinigten Staaten, Claxton, und die Tochter des Präsidenten, Miss Margaret Wilson[59], haben zugestimmt, die Schirmherrschaft für den Kurs zu übernehmen. Andere Personen werden ein Ehren-komitee bilden. Es wird mich eine Menge Geld kosten, aber insgesamt erhoffen wir uns viel, denn ein in San Francisco errungener Triumpf wird ein Triumpf sein, den die ganze Welt sieht. Es werden viele pädagogische Veranstaltungen abgehalten werden, an denen Experten aus aller Herren Länder teilnehmen. Diese werden eingeladen, unseren Kurs anzuschauen und kennenzulernen. In der Broschüre heißt es ausdrücklich: „Der Kurs in San Francisco wird vor den Augen der Welt gegeben."

Ich wurde dazu eingeladen, auf der Ausstellung in den Pavillons verschiedener Länder zu sprechen. Es ist gut, dass sich alle Länder dafür interessieren. So wird der Kurs aus

---

59 *Margaret Woodrow Wilson (1886–1944) diente nach dem Tod ihrer Mutter im Jahr 1914 bis zur zweiten Ehe von Präsident Wilson im Jahr 1915 als First Lady der Vereinigten Staaten. Eine Zeitlang interessierte sie sich für die Montessori-Methode und bot Montessori ihren Einfluss und ihre Unterstützung an, aber ihr Interesse wandte sich bald anderem zu. Sowohl Philander Claxton als auch Margaret Wilson gehörten dem Kuratorium der 1913 gegründeten* Montessori Educational Association *an, deren Präsidentin Frau Mabel Bell war. Siehe auch das Vorwort von Carolina Montessori.*

einzelnen Vorträgen bestehen, die erst in einem und dann im nächsten Pavillon abgehalten werden. Auf diese Art und Weise unternimmt der Kurs eine Weltreise. Es wurde außerdem entschieden, dass es im August, auch wenn es noch keinen Kurs gibt, auf der Ausstellung in San Francisco einen „Montessori-Tag"[60] geben wird. An diesem Tag wird die gesamte Ausstellung Montessori gewidmet sein. Es ist sogar von einem „Montessori-Kongress" die Rede. Es würde eine Menge Geld kosten, die Dinge gut zu machen. Wenn es keinen Krieg gäbe und wenn ein bestimmtes Land (Italien) Interesse daran gezeigt hätte, einen neuen pädagogischen Ansatz in andere Länder zu tragen, wäre dies eine hervorragende Gelegenheit. Obwohl ich bereit bin, Opfer zu bringen, kann ich mit meinen eigenen Mitteln nicht alles alleine bewältigen.

Es werden 25.000 Broschüren gedruckt. Das allein (einschließlich Briefmarken und Personal, um Adressen zu schreiben und die Broschüren zu versenden) wird Tausende von Lire kosten. Und dann gibt es die Pressemitteilungen und einen Verantwortlichen, der für die Organisation zuständig ist. Er ist Universitätsprofessor[61] und beschäftigt mich mit einem monatlichen Gehalt von 1.500 Lire (ein gewöhnlicher Geschäftsführer hätte mich für die Hälfte

---

60 *Es wurde nirgendwo eine Erwähnung dieses Tages (oder die Überreichung einer Medaille, siehe Brief vom 11. Juli) gefunden, außer in Robert G. Buckenmeyers „Einführung" zu den* Kalifornischen Vorträgen *von Maria Montessori, 1915. Dort berichtet er von einem Verweis auf diesen Tag (geplant für den 21. August) in einem Kalender von 1915 (S. xii und 256). In ihrem Brief vom 9. August 1915 schreibt Montessori, dass der Montessori-Tag zugunsten eines wichtigeren Tagesereignisses verschoben wurde. Die Verschiebung könnte zu einer Absage des Tages geführt haben.*

61 *Vermutlich ist es Wallace Hatch von der* Berkeley University, *der laut* The Farmer and Mechanic *vom 17. August 1915 für die Einrichtung des Kurses verantwortlich war.*

angestellt). Ich bezahle die besten Lehrer und außerdem
brauchen wir Übersetzer für die Vorlesungen usw. All dies
kann ich tun, indem ich die Einnahmen aus meinem jetzi-
gen Kurs verwende, in der Hoffnung, dass er Früchte trägt.
Es wird mein erster Versuch sein, Geschäfte zu machen.
Wenn es klappt, können wir auf eine offizielle Verbreitung
der Methode hoffen, was enorm wäre. Wenn es nicht
klappt, können wir nur hoffen, dass wir unsere Verluste
ausgleichen, einen angemessenen Überschuss erzielen und
ein paar Monate lang daran arbeiten, die Menschen zu
begeistern, und das bei der großartigsten, erstaunlichsten
Ausstellung, die die Welt je gesehen hat!

Die Broschüre wird das Motto der Ausstellung enthalten:
„Die Internationale Ausstellung von Chicago hatte 1893
die Wirkung, die Stadt zu verbessern und die religiöse
Toleranz zu fördern. Die Weltausstellung von St. Louis
führte 1904 zur Verbesserung von Gebäuden, insbesondere
von Wohnhäusern. Es ist zu hoffen, dass die Panama-
Pazifik-Ausstellung von 1915 in San Francisco zu einer
Verbesserung der Menschheit führen wird, insbesondere
im Hinblick auf die Erziehung der Kinder."

Auf Wiedersehen! 1.000 Küsse. Uns geht es sehr gut. Mario schreibt für Dich an seinen „Eindrücken von Amerika".

Maria

PS. Der sozialistische Bürgermeister einer Stadt in der Nähe
von San Francisco hat eine Rede gehalten, in der er (in
Bezug auf den Krieg) sagte, dass sich die Welt nach den
Lehren Jesu Christi reformieren müsse. Aber bevor dies
geschehen könne, müsse sich eine vollständige Revolution
in der Bildung vollziehen. Dann sprach er ausführlich

über meine Methode. Er ist ein Teilnehmer meines Kurses, obwohl er graue Haare und eine Tochter hat, die Lehrerin ist.[62]

Die Leute hier sind davon beeindruckt, dass ein improvisierter Kurs von Miss Moore in einer Stadt ohne Bedeutung und ohne Unterhaltung, wie es Los Angeles ist, ohne Broschüren oder bedruckte Studentenausweise (in Kriegszeiten) solch erhebliche Einnahmen von über 60.000 Lire (bis heute) einbringt. Dies hat sich sehr auf das *House of Childhood*[63] ausgewirkt, welches unser Material herstellt. Sie möchten nun die Vertragsbedingungen ändern, was zu meiner vollsten Zufriedenheit sein wird, so dass ich ihnen auch die Herstellung des Materials für die Grundschule gewähren werde.

Dies ist übrigens die kleine Schule, die im Garten unseres Hauses in Los Angeles von einem verwegenen und angriffslustigen Hahn gegründet wurde. Er lockte die Kinder, die sich im Garten versteckten, an. Sie wurden von den Materialien angezogen, die dort für die fachlichen Darbietungen für die Kursteilnehmer auf dem Rasen gelagert wurden. Ihr Interesse, mit den Materialien zu arbeiten, wurde langsam entfacht. Andere Kinder aus der Nachbarschaft, die sich auch für die Arbeit interessierten, machten unglaubliche Fortschritte. Die Kursteilnehmer wollten unbedingt vorbeikommen, um diese kleine Gruppe von Kindern zu sehen. Die Mütter wollten eine dauerhafte Schule gründen, aber der Platz war für die Anzahl der Kinder nicht ausreichend.

---

62 *Es handelt sich um Jackson Stitt Wilson, der ehemalige Bürgermeister von Berkeley. Siehe vorhergehende Anmerkung.*
63 *Das* House of Childhood *in New York hatte das alleinige Recht erworben, das Montessori-Material in Amerika herzustellen und zu vertreiben.*

Im September wird die Schule an einem großartigen Ort, auch in der Virgil Avenue, starten.

Kinder arbeiten im Garten des Hauses in der Virgil Avenue in Los Angeles

Oben auf der Seite ist vermerkt: Gestern haben wir in unserem
kleinen Kamin ein Feuer gemacht.

Geschrieben auf einem Papier mit dem Briefkopf:
Internationaler Montessori-Trainingskurs
Los Angeles – San Diego – San Francisco

Büro von Dr. Maria Montessori

Sonntag, 11. Juli 1915 [erhalten: 8. August]

Der Klang von Trompeten ... 61

Morgen, am Montag, ist auf der Ausstellung in San Diego
Bildungstag. Die offizielle Zeremonie findet auf einem Platz
[Plaza de los Estados – CM] vor einer kolossalen Orgel statt,
deren Pfeifen zweieinhalb Mal so hoch wie ein Mensch
sind.[64] Davor befindet sich eine sehr große, halbkreisförmige
Plattform aus Stein: eine Bühne von gigantischem Ausmaß.
Die Orgel ist mit ihren vergoldeten Pfeifen in eine steinerne
Aussparung eingelassen, die zu beiden Seiten Säulenko-
lonnaden aufweist, die an die auf der Piazza San Pietro
erinnern. Durch sie hindurch kann man den Ozean sehen.
Ich zeichne Dir von dem Platz eine Karte.

---

64 *Die Brüder John und Adolph Spreckels, zwei wohlhabende Unternehmer,
übergaben anlässlich der Eröffnung der Panama-Kalifornien-Ausstellung diese
Freiluftorgel den Einwohnern von San Diego. Sie engagierten außerdem
Humphrey J. Stewart, einen angesehenen Komponisten und Organisten, der
1915 täglich Konzerte gab und dies auch in weiteren Jahren tat.*

Daran angeschlossen ist ein weiterer von Gebäuden umschlossener Platz [Plaza de Panama – CM], der dem Markusplatz ähnelt und auf dem sich Schwärme von Tauben befinden, die Körner aus der Hand fressen.

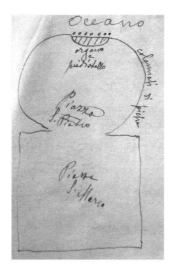

Zeichnung der beiden Plätze[65]

---

65 *Montessoris Zeichnung ist nicht ganz korrekt, da die beiden Plätze durch eine Esplanade verbunden waren.*

Die Zeremonie findet auf der (sogenannten) Piazza San Pietro statt. Das Programm ist folgendes: von 2:30 Uhr bis 3:30 Uhr findet ein Orgelkonzert statt, von 3:30 bis 4:30 Uhr werden zwei Reden auf der Bühne vor der Orgel gehalten – eine von Doktor Montessori und eine von Hon. Claxton, dem Zentral- und Generalsekretär für Bildung der gesamten Vereinigten Staaten. Aber als erstes spricht Doktor Montessori, wie sie mich hier nennen[66], und es scheint, dass sie das wahre Opferlamm des Tages sein wird. Laut Programm wird es um 4:30 Uhr einen Empfang zu Ehren von Doktor Montessori geben, mit dem der Bildungstag dann endet.[67]

Maria Montessori und Adelia Pyle vor der Orgel

66 *Nicht Dottoressa wie Montessori in Italien angesprochen wurde.*
67 *Die* San Diego Union *vom 13. Juli 1915, berichtet: „Maria Montessori, Pädagogin und Ärztin aus Rom (Italien) und P. P. Claxton,*

Es war eigentlich geplant, dass ich eine kleine Rede von
fünfzehn bis zwanzig Minuten Dauer schreibe, die der
Bildungsdirektor (das Äquivalent eines Ratsmitglieds)
von San Diego übersetzen würde, oder besser gesagt, er
sollte die englische Übersetzung in eine Trompete (einen
Kegel) hinein sprechen, die den Klang der Stimme wie eine
durchschlagende Kanonade verstärkt, so dass die Menschen
auf dem Platz „meine Botschaft" hören können. Aber die
bezaubernde Anmut von Miss Pyle, von der alle in Erinne-
rung haben, dass sie ein Seidenkleid mit hellblauen Schleiern
und eine Rosenkrone im blonden Haar getragen hat, ließ
den Gedanken aufkommen, dass ihre Anwesenheit bei der
Zeremonie zu erlesen wäre, um darauf zu verzichten. …
Wie auch immer, unter uns nennen wir die Rede jetzt
unweigerlich „die Trompetenrede" und den Bildungstag

„den Trompetentag". Es gibt eine Menge zu tun. Die Rede
ist geschrieben und morgen, am Montag, wenn nichts
dazwischenkommt, wird sie auf dem Platz gehalten. Amen.
Der Trompetentag darf nicht mit dem Montessori-Tag
verwechselt werden, der auf der Ausstellung in San Francisco am 21. August gefeiert werden soll. Papas Geburtstag ist
am 2. August und ich schicke Dir die besten Glückwünsche
(Ich habe Enrico gebeten, mir zuliebe Deinen Geburtstag
schön geschmückt und verschwenderisch zu feiern!). Der
21. August wird mein Tag sein: Es werden Konzerte und
Reden zu meinen Ehren gegeben und ich werde eine Me-

US-Bildungskommissar, sprachen nach dem täglichen Orgelkonzert, das Dr.
Stewart gab. Frau Montessori beschrieb in italienischer Sprache ihre Theorien.
Kinder sollten ihre Bildung selbst lenken können. Ihre Rede wurde übersetzt.
Sie sprach mit unglaublicher Begeisterung. In einer ruhigeren Art und Weise
sagte Claxton, Kinder sollten eine fundierte Ausbildung erhalten, damit sie
eines Tages einen guten Lebensunterhalt verdienen können."

*Alessandro Montessori im Rollstuhl. Der Mann neben ihm ist wahrscheinlich
Enrico. Die Dame mit dem weißen Hut ist sicherlich Sofia Bertolini.*

daille erhalten. Ich schicke Dir das Rundschreiben mit der
Ankündigung, dass mein Kurs im Oktober endet und dass
der November für die Zusammenfassungen und Prüfungen
unter Frau Fedeli freigehalten ist. Ich werde Dir einige
Exemplare schicken, damit Du sie an unsere Freunde Donna
Maria, Donna Sofia, die Fancello-Schwestern, Brunelli und
andere weitergeben kannst. Uns geht es sehr gut.

Maria

*Anna Fedeli scheint Alessandro sehr gemocht zu haben und
das Gefühl muss auf Gegenseitigkeit beruht haben. Wir wissen
nicht wann, aber sie verließ Amerika später im Sommer oder im
frühen Herbst, um sich um Montessoris Vater zu kümmern, dessen
Gesundheit sich verschlechtert hatte.*

Postkarte von Anna Fedeli von der Ausstellung in San Diego an
Cav. Alessandro Montessori
Via Conte Rosso 25, Roma (Italien)

[Poststempel: San Diego, 11. Juli 1915]

Liebster Nonno,

bis jetzt war ich so ungeschickt wie ein frisch geschlüpftes
Küken in einer fremden Welt, die sich von unserer sehr
unterscheidet. Nun beginne ich damit, meine Flügel und
Beine zu benutzen, aber mein kleiner Körper bleibt noch
etwas angespannt und gerade und mein Schnabel ist immer
offen. Ich kann mich jetzt natürlicher bewegen und kann
große Dinge versprechen, einschließlich langer Briefe an
Nonno und unseren Freund *Enrichetto dal Ciuffo*. Ich hoffe,
Du bist wohlauf und glücklich. Hier ist alles in Ordnung.
Auf Wiedersehen, *Nonnarello*. Mehr Platz möchte ich von
dieser schönen Postkarte nicht verbrauchen.

Besten Gruß,

A. Fedeli

DER TIJUANA FAIR

Dieser Brief gibt eine detaillierte Beschreibung eines Stierkampfes
und könnte einige die Leserinnen und Leser schockieren.

Oben auf der Seite ist vermerkt: Beschreibung eines „unter-
haltsamen Tages" in Mexiko. Veranstaltungen in einem
wilden Land.

Geschrieben auf einem Papier mit dem Briefkopf:
Internationale Montessori-Ausbildungskurse
Los Angeles – San Diego – San Francisco
Büro von Dr. Maria Montessori

[Kein Datum. San Diego, Juli 1915]

Sehr geehrter Papa,

ich hoffe, dass Du die Postkarten mit dem Stierkampf aus
Mexiko erhalten hast. Das war bei unserem gestrigen
Sonntagsausflug. Wir sind mit dem Auto losgefahren
und hatten uns sehr darauf gefreut, ein anderes, weniger
zivilisiertes Land zu besuchen, in dem andere Menschen
leben. Zuerst einmal, die Autofahrt verlief reibungslos
entlang der Landstraßen von San Diego, der letzten Stadt
vor der Grenze. Dann folgte eine wilde Landschaft, eine
Art Wüste ohne richtige Straßen. Das Auto schaukelte über
unwegsames Gelände, durch Staub, der nicht mit dem in
unseren Straßen zu vergleichen ist. Richtiger Wüstenstaub,
der das Auto vollständig einhüllte. Nach anderthalb Stunden
einer schwindelerregenden Fahrt erreichten wir die Grenze
zu Mexiko. Wir waren von einer kargen Bergkette umge-

ben, ohne Vegetation. Bei der Grenzkontrolle durchsuchte uns ein Mann mit einem langen, weißen Bart, um sicherzustellen, dass wir keine „Messer oder Revolver" trugen. Was für ein Bart! (Und das war übrigens das Erste, was uns auffiel: Amerikaner haben keinen Bartwuchs.) Unmittelbar hinter dem Kontrollpunkt – es war nur ein Holzschuppen mit einigen wackeligen, nackten Tischen – tauchte eine sehr lange Brücke auf (ganz auf amerikanische Art wurde sie zur Abwechslung einmal als die längste der Welt beschrieben). Sie langte nicht über Wasser, sondern über ein unwegsames Gelände, in dem Autos im Staub stecken bleiben würden. Diese Brücke bestand aus zwei großen Bahnschienen, einen halben Meter über dem Boden, auf denen ein Waggon Platz findet und dann losfahren kann – natürlich nur in eine Richtung (entweder vorwärts oder rückwärts). Und auf diese Weise erreichten wir Tijuana,[68] die erste mexikanische Stadt nach der Grenze:

Anlässlich der Panama-Kalifornien-Ausstellung in San Diego wurde in Tijuana ein Jahrmarkt veranstaltet. Wahrscheinlich war das der eigentliche Zweck dieses Besuchs: Boxen, Glücksspiel, Hahnenkämpfe, Stierkämpfe, kostenlose Grillwaren, Ausstellungen und Geschäfte.

Vier hölzerne Hütten, auf einer davon stand *Hotel de Paris –* *Cantina.* Selbst die schlimmste Taverne könnte diesen Geruch von Zwiebeln, der aus ihr hervorging, nicht erzeugen. Alle Schilder waren auf Spanisch geschrieben. Die Menschen hatten schwarze Haare und Augen und eine braune Haut. Alle Männer trugen einen Schnurrbart. Man konnte überall einen undefinierbaren Schmutz „wahrnehmen". Die Frauen waren mehr oder weniger normal gekleidet – aber in leuchtenden, gegensätzlichen Farben und absurden Materialien, wie zum Beispiel Blusen aus Musselin. Eine Fülle von Glasschmuck. Hüte mit gelben und grünen Federn.

In einem barartigen Lokal gab es ein tanzendes Paar. Sie trug ein einfach geschnittenes Kleid aus grünem Satin mit Silberapplikationen über einem kurzen, rosafarbenen Rock aus Tüll, türkisfarbene (= blasse) Strümpfe und Lederschuhe. Er war im europäischen Stil gekleidet, in langen Hosen und einem Jackett, beides war schwarzweiß kariert, mit einer roten Krawatte und abgelaufenen, schmutzigen Schuhen aus schwarzem Leder. Unter lautem Applaus führten sie einen etwas anstößigen Tanz auf.

Wir gingen in eine Hütte, wo ein echter „Wilder" ausgestellt war. Ein Kannibale von grau-schwarzer Farbe, dessen Gesicht keine Ähnlichkeit mit den vielen schwarzen und gelben Menschen in den USA hatte. Sein Mund hatte eine eigentümliche Form, sein vorstehender Kiefer und die Neigung seiner Augen unterschieden sich von denen des amerikanischen Schwarzen. Er wurde uns als Zulu-Kannibale vorgestellt und war in einem feierlichen Aufzug gekleidet. Sein Gesicht war von der Stirn bis zum Kinn mit breiten, weißen und roten Streifen bemalt. Ein großer weißer Knochenring war durch seine Nase und zwei andere durch seine Ohren gestochen. Um seinen Hals hingen an einem Band zwei kleine Fellstreifen. Er tanzte mit nackten Füßen auf einem Bett mit herausragenden Nägeln und Glasscherben. Ein anderer Mann, ein Mexikaner, unterhielt die Öffentlichkeit, indem er seine bloßen Arme von Klapperschlangen beißen ließ. In einer weiteren Hütte gab es zwei Arten von Todeskämpfen: Einen Kampf zwischen zwei Hunden, die sich heftig bissen. Dies wurde begleitet von den Zuschauern, die mit größtem Interesse auf das Ergebnis gewettet hatten und den Kampf daher mit aufgeregten Schreien verfolgten. Der andere Kampf war zwischen zwei Hähnen.

Aber die größte Attraktion des Tages war ein Stierkampf.

Tausende von Menschen drängten sich in der aus groben Brettern bestehenden Arena, die inmitten einer sandigen und salzigen Wüste lag (Sand und Salz: ein alter Meeresboden). Die besten Plätze (für zwei Dollar) waren vor der Sonne geschützt. Schrille, ohrenbetäubende Musik erfüllte die Arena mit einem Geräusch, das dazu bestimmt zu sein schien, das Publikum zu berauschen, es zu betäuben und ihm eine primitive Art von Mut zu geben.

Schließlich betraten die Teilnehmer in einer Parade die Arena. Ein Junge in einem schwarzen Samtumhang und einem gefiederten Hut, der auf einem großen Pferd saß, trabte zweimal durch die Arena und begrüßte das Publikum. Dann folgten die Toreros und die Picadore in ihren unverwechselbaren, eleganten, edlen Satinanzügen mit silberner Stickerei. Sie trugen rote Umhänge. Und zwei weiße Pferde zogen etwas, was wir noch nie zuvor gesehen hatten: eine Vorrichtung, mit der tote Stiere weggezogen werden können. Der Junge und die Pferde verschwanden.

Der erste Stier kam in die Arena und der Kampf begann. Die Toreros reizten ihn, indem sie ihre roten Umhänge schwangen. Der Stier stürzte sich auf das Tuch und traf ins Leere. Diese wendigen Spiele machten ihn wütend und immer wütender, und er schlug schließlich seine Schnauze gegen die Umzäunung. Dann bewegte er sich nach dieser Verzweiflungstat mit seiner von Blut tropfenden Nase wieder weg. Danach kamen die Picadore nach vorne und näherten sich dem Stier mit zwei Lanzen, die mit farbigen Bändern und einem großen Metallhaken an der Spitze verziert waren. Sie wurden verwendet, um den wütenden Stier zu erstechen. Dies bedurfte ein Maximum an Wendigkeit und Mut. Der Mann stellte sich ihm gegenüber und stach die beiden Lanzen, die mit Blumen und Bändern dekoriert waren, in den Nacken des Stiers. Von allen Seiten wurden die Umhänge lockend über das von Schmerz immer mehr geplagte Tier gezogen. Um die verzierten Lanzen herum strömten zwei Bäche von Blut herunter. Und so wurden immer zwei Lanzen auf einmal, insgesamt sechs oder acht in seinen Hals gestochen, der zwar mit all den Verzierungen recht festlich aussah, aber aus vielen Wunden blutete.

Der Kampf wurde mit vier weiteren Stieren wiederholt. Auch die Toreros und Picadore litten deutlich. Beim zweiten Mal waren sie nicht mehr die weltbesten Männer und sie gingen große Risiken ein. Sie keuchten, sie wurden blass und suchten oft hinter einem Zaun Schutz, wo sie Aquavit erhielten, um sich wieder aufleben zu lassen. Die einfache Musik war fortwährend zu hören. Jeder wahre Akt des Mutes, jedes Mal, wenn ein Mann einer offensichtlichen

Gefahr entkam, gab es Applaus, Schreie und eine unglaubliche Menge von Herrenhüten und -mützen wurde von allen Seiten in die Arena geworfen.

Der dritte Stier war sehr stark. Als der erste Picador ihm die ersten Lanzen in den Nacken stach, machte er einen Sprung, den der Mann nicht erwartet hatte. Er machte eine falsche Bewegung, landete mit dem Rücken gegen den Zaun und der Stier griff ihn mit seinen Hörnern an. In nur einem Augenblick wurde der Mann auf den Boden gestoßen und auf die Hörner des Stiers gehoben. Er fiel scheinbar tot in den Sand, wo er liegenblieb, während die Umhänge die Aufmerksamkeit des Stiers auf einen anderen Teil der Arena lenkten. Für eine Weile rührte sich der Mann nicht, dann stand er langsam auf und fühlte an seine Brust – er war gesund und munter. Ein gewaltiger Applaus bestärkte ihn. Er ging zur Mitte der Arena, nahm dabei zwei neue Lanzen, stellte sich dem Stier und setzt sie erfolgreich in seinen Hals. Ein Hagel von Kappen ermutigte ihn weiterzumachen. Inzwischen war der Stier mit bunten Bändern bedeckt, die elegant zwischen dem Blut wogen.

Doch der nächste Stier würde sich der Rache unterziehen müssen.[69] Nicht mehr spitze Lanzen, sondern Schwerter und Dolche erwarteten ihn. Es ertönten hohe Trompetenklänge und die Zuschauer schrien aufgeregt (Die Rufe wurden für uns übersetzt.): „Töte ihn, töte ihn, töte ihn, vor unseren Augen!". Einer der Männer hielt ein Schwert unter seinem roten Umhang versteckt. Diesmal traf der Stier nicht in die Leere. Der mutige Torero musste ihn niederstechen, ansonsten wäre das Leben der Männer in

---

69 *Anscheinend wurde nur der vierte Stier tatsächlich getötet, im Gegensatz zu der üblichen Praxis, bei der jeder Stier getötet wird.*

Gefahr gewesen. Aber die Toreros waren nicht sehr mutig – nach dem ersten Stich floh der Stier wütend, während bei jeder seiner Bewegungen ein Blutstrom um ihn herum auf den Sand spritzte. Das ist die Kraft, mit der das Blut aus einer Wunde fließt. Musik, Pfiffe, hier und da ein Schrei des Entsetzens von einem der nicht-mexikanischen Zuschauer. Jetzt wurde es schwierig, den Stier zu bekämpfen: Sein Hals war blutverschmiert, seine Schnauze – obwohl sie einem Tier gehörte – sah verzweifelt aus. Seine Nase, die er gegen den Zaun geschlagen hatte, hatte ihre Haut verloren und blutete stark. Ein weiterer Stich mit der Spitze des Schwertes setzte dem Stier zu. Er brüllte ungeheuerlich und versuchte immer wieder aufzustehen, fiel aber genauso oft in eine sich vergrößernde Blutlache zurück. Um den Stier ein für alle Mal zu töten, nahmen die Toreros ihre Dolche und verletzten ihn, ohne zu wissen, wie man ihn richtig tötet. Die Menge lachte und pfiff laut. Die beschämten Toreros suchten zwischen den Wirbeln nach der richtigen Stelle, um den Stier sofort zu töten, konnte sie aber nicht finden. Das brüllende Tier wurde aufs Grausamste von den Dolchen gefoltert, die zwischen seine Hörner und seine Knochen stachen. Die weißen Pferde kamen, die Hinterbeine des sterbenden Stiers wurden an die Vorrichtung gebunden. Das arme Tier wurde weggeschleppt, während es noch versuchte, seinen brüllenden Kopf zu heben ... Das war das Schauspiel, das wir erlebt haben. Ich muss gestehen, dass wir viele Tränen vergossen haben, während wir diese grausame Vorstellung sahen.

Danach kehrten wir durch die Wüste nach Hause zurück, gerüttelt und geschüttelt im Auto. Und so endete der Sonntag in Mexiko.

Küsse,

M.

Briefe aus San Francisco

Die Santa Cruz Evening News *vom 2. August 1915 berichtete, dass Maria Montessori in Begleitung von Anna Fedeli noch am selben Tag in San Francisco ankommen würde, um „einen Ausbildungskurs zur Vermittlung der Montessori-Methode auf der Ausstellung zu organisieren. Während des bis Ende November dauernden Kurses haben die Besucher der Ausstellung die Möglichkeit, dieses neue Erziehungssystem zu studieren, das wahrscheinlich das am häufigsten diskutierte und zugleich umstrittenste in der modernen pädagogischen Geschichte ist. Eine Klasse wird ... im Palast der Bildung geführt. Hier werden die Kinder, nur durch eine Glaswand von den Zuschauern getrennt, unterrichtet. Die Klasse ist auf 30 Kinder begrenzt und es sind bereits mehr als 1.800 Bewerbungen eingegangen.“*

Geschrieben auf einem Papier mit dem Briefkopf:
Montessori-Ausbildungskurs
Panama-Pazifik-Ausstellung, San Francisco
August – September – Oktober – November

Büro von Dr. Maria Montessori

San Francisco, 9. August 1915

Mein lieber kleiner Papa,

als ich in San Diego die Nachricht erhielt, dass es Dir nicht gut geht, füllte sich mein Herz mit Schmerz. Seitdem warte ich jeden Tag sorgenvoll auf Neuigkeiten, aber ich habe Dir nicht mehr geschrieben. Ich dachte unentwegt daran, dass es Papa momentan zwar nicht sehr gut geht, es ihm aber bereits viel besser ginge, wenn meine Briefe ihn erreichten. Mein Schweigen in diesen Tagen hat Dich vielleicht beunruhigt. Bitte entschuldige.

Wir sind in San Francisco! Nach einer Woche in einem Hotel haben wir nun ein bezauberndes Haus für 95 Dollar pro Monat gemietet. Es ist hoch oben, am Ende einer sehr steilen breiten Straße mit kleinen Häusern. Unseres liegt neben dem großen Bellevue-Park. Wenn man durch das Tor geht (die Straße ist stets menschenleer), gelangt man direkt in den Park (spärlich bekleidet, ohne Hut ...). Der Park ist nicht von einer Mauer umgeben, sondern völlig offen, genauso, als ob man zur Villa Cocchi hinaufgeht.

Es gibt eine wunderschöne Rasenfläche am Eingang – es ist eigentlich kein Eingang, sondern ein entlegener Teil des riesigen Parks. Von unserer Straße aus führt ein Weg zum Park, wo man sich hinlegen und unter den Pinien schlafen kann. Und von oben genießt man einen schönen Blick auf die ganze Stadt. Der Weg steigt etwas an. Mit ein paar Schritten sind wir oben auf dem Hügel und haben von hier aus einen grandiosen Blick auf das Meer. Die gleiche herrliche Aussicht haben wir von unseren Fenstern aus: die schöne Stadt mit ihren vereinzelten wunderbaren Parks – und die Ausstellung.

Nachts verfolgen wir die Beleuchtung der Ausstellung. Riesige Scheinwerfer erzeugen ein Licht wie Strahlen der Mittagssonne. Manchmal sind diese Strahlen leuchtend weiß und manchmal ändern sie ihre Farbe wie in einem Regenbogen. Von unserem Haus aus können wir das

Feuerwerk sehen und das Knallen hören. Jeden Abend um
11 Uhr veranstalten berühmte Piloten das beeindruckende
Schauspiel der „Todesflüge". In völlig ohrenbetäubenden
Lärm ertönt eine Sirene. Die ganze Stadt muss davon
aufgeweckt werden. Nach ein paar Minuten dieses Lärms
erscheint ein aufsteigendes rotes Licht, das sich sehr schnell
über dem Boden bewegt. Während wir den Aufstieg mit
klopfenden Herzen folgen, verschwindet das Flugzeug in
den Wolken und alle fragen sich: „Ist es abgestürzt?"[70] Eben
diese Befürchtung wollen sie erzeugen. Und dann taucht
plötzlich viel, viel höher und weit weg von dem Ort, an dem
das Flugzeug verschwand, ein funkelnder Punkt als neuer
Stern unter all den anderen Sternen des Himmels auf. Man
könnte sagen, dass der Flieger, der Held, verschwunden ist,
und dass die Herrlichkeit, die Apotheose seiner Seele in den
Himmel gestiegen ist, um dort für immer als neuer leuch-

---

70 *Kein überraschender Gedanke, denn die Luftfahrt steckte noch in den
Kinderschuhen. Am 14. März 1915 starb Lincoln Beachey, ein damals
bekannter Pilot und Kunstflieger, bei einem Demonstrationsflug auf der
Panama-Pazifik-Ausstellung vor einer geschätzten Menge von 50.000 bis
70.000 Menschen.*

tender Stern zu bleiben. Dieser Anblick lässt Dein Herz klopfen. „Du strahlst viel heller als alle anderen Sterne", sagt man liebevoll. Alle, die dieses Spektakel sehen, fühlen sich durch diesen einen Mann, der da oben im Paradies, im Himmel ist, wie neu geboren. Plötzlich bewegt sich dieser feste, leuchtende Stern und wird beim Drehen zu einem Kometen mit langem Feuerschweif, der durch den Himmel zieht. Und dann beginnt der Todesflug: Das Flugzeug dreht sich um sich selbst und windet sich in Richtung Erde, während der Feuerschweif dem Abstieg folgt. Alle, die dieses Wunder erleben, trauen ihren Augen nicht. Dann verschwindet alles und wir sehen den jetzt verdunkelten Himmel und denken, dass dieser Mann des Himmels bestes Ornament war.

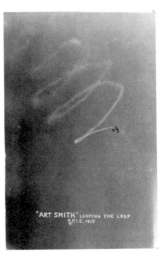

Ich sagte ja schon, dass unser Haus schön ist. Es ist sehr ruhig gelegen, obwohl die Straßenbahn nahe ist. Auf der Etage, auf der man das Haus betritt (zu der man nur über eine Außentreppe gelangen kann), befindet sich ein elegantes Wohnzimmer, komplett in Grün, und ein äußerst charmantes Esszimmer. Unter dieser Etage ist eine weitere mit zwei großen Zimmern, einer Toilette und einem Festsaal mit glattem, poliertem Boden und einem Blick auf den kleinen prächtigen mit Blumen gefüllten Garten. Im Obergeschoss gibt es schöne Schlafzimmer mit Bädern etc. Im obersten Stockwerk sind zwei große Zimmer, in denen ich arbeite, denn die Aussicht ist wirklich fantastisch. Wir haben also vier Stockwerke und sind zu fünft: Mario, Maria, Fedeli, Miss Pyle und Miss Parkhurst, die die Klasse auf der Ausstellung leitet. Eigentlich sind wir nicht fünf, sondern sechs. Wir sollten Katte nicht vergessen. Katte ist ein Juwel. Möge Gott sie so kostbar lassen, wie sie ist. Sie ist eine einfache irische Hausangestellte, groß, schlicht (offensichtlich mit ländlichem Hintergrund) und tüchtig. Sie ist eine ausgezeichnete Köchin, reinigt das Haus, ist ruhig und freundlich. Sie sagt uns, dass sie als Irin weiß, wie man auf sich selbst aufpasst, und dass wir nichts für sie tun müssen, solange sie alles hat, was sie braucht (Essen etc.). Im Gegenzug wird sie dafür sorgen, dass es uns an nichts fehlt. Morgens – einfach nur zum Kaffee – macht sie alle Arten von Waffeln, sehr lecker. Und sie backt sogar Brot. Niemand muss ihr sagen, was zu tun ist. Ihre Kleidung ist schlicht, aber sauber. Am Abend kleidet sie sich eleganter, eher wie eine Dame, die Schmuck trägt (eine goldene Brosche etc.). Der Lohn, um den sie gebeten hat und den sie erhält, beträgt 30 Dollar, 150 Lire, pro Monat – angemessen. Carmen war also nicht die einzige Art von Dienstmädchen, die hier zu finden ist: Katte „erlöst" Amerika und verlangt nur fünf Dollar mehr.

Aber das Wichtigste habe ich Dir noch nicht erzählt oder vielleicht doch? Denn ich erinnere mich, dass ich Dir über meinen Empfang hier auf der Ausstellung berichtet habe (Nein, ich habe Dir nur die Zeitungen geschickt!). Im Inneren des Palasts der Bildung, auf einer etwa einen Meter vom Boden erhöhten Ebene, befindet sich das *Casa dei Bambini*. (Der italienische Name wurde in großen Buchstaben außen an die Klasse geschrieben. Er wird italienisch bleiben, ebenso wie das deutsche Wort *Kindergarten* stets für die Froebel-Gruppen verwendet wird.) Die Wände sind aus Glas. Auf der Ausstellung wird die gläserne Klasse sehr bewundert. Das Innere ist graublau gehalten und mit allen möglichen frischen rosafarbenen Blumen dekoriert. Sogar die Lehrkraft ist in Rosa gekleidet. Im Inneren sind dreißig Kinder, ausgewählt aus den 2.500, die um Aufnahme gebeten hatten. Und sie arbeiten bezaubernd, während sich außen große Gruppen von Interessierten versammeln und stundenlang dort verharren, um zuzuschauen. Selbst wenn die Zeit um ist, bleiben die Menschen dort und blicken auf die Leere, fast so, als ob sie etwas Außergewöhnliches sehen würden. Am nächsten Tag sind sie wieder da, lange bevor die Kinder kommen.

Nicht alle sind begeistert, so zum Beispiel neulich eine Dame (die Mutter eines der Kinder, die innerhalb der Glaswände arbeiteten). Sie sagte zu einem Studenten des Ausbildungskurses: „Haben Sie es es nicht bemerkt? Die Lehrerin da drüben (Parkhurst mit rosafarbenem Umhang) tut nichts. Ich habe sie den ganzen Morgen beobachtet. Sie ist nicht einmal in die Nähe meines Sohnes gekommen. Und er hat nichts anderes getan, als diese Holzstücke hintereinanderzulegen und sie wieder wegzunehmen, ohne damit

aufzuhören." Als sie die deutlichen Ausrufe des Studenten
hörte, der sagte: „Sie sind eine glückliche Mutter! Ihr Sohn
hat eine psychologische Phase erreicht ...," etc., stand die
Mutter verblüfft da und sagte schließlich: „Ich will auch
Studentin werden. Ich möchte am Kurs teilnehmen."

Es haben sich noch nicht sehr viele für den Ausbildungskurs angemeldet, aber einige Anmeldungen kommen
jeden Tag. Und es gibt viel Interesse. In der Tat wird es ein
wichtiger Schritt für die Verbreitung des Konzepts sein.

Als ich bei der Einweihung in die gläserne Klasse trat,
wurde der Italienische Königliche Marsch[71] gespielt, und
Hunderte von Menschen, die dicht gedrängt in der Halle
standen, begannen zu klatschen. Es folgten Reden von
Amtsträgern, die darüber sprachen, welchen Einfluss die
Methode auf das amerikanische Volk haben werde. Am
nächsten Abend wurde um 8:30 Uhr der Ausbildungskurs
im Massachusetts Building eingeweiht. Für einen Abend in
meinem Leben war ich eine Königin. Der Direktor des Gebäudes begleitete mich.[72] Es gab einen Zeremonienmeister,
der die Veranstaltung mit solcher Höflichkeit moderierte, als
wäre er tatsächlich in einem Palast. In einem prächtigen, mit
Blumen geschmückten Saal wurde ich zu einem großen
Sessel geführt, während alle Menschen um mich herum
stehenblieben.

---

71 Der „Marcia Reale d'Ordinanza" oder auch „Fanfara Reale" [der Königliche
  Marsch oder die Königliche Fanfare] war die rein instrumentale, offizielle
  Nationalhymne des Königreichs Italien zwischen 1861 und 1946.
72 Wahrscheinlich handelt es sich um Charles T.C. Whitcomb, Direktor der
  Massachusetts Educational Exhibit, der an diesem Abend den Vortrag von
  Montessori leitete. Seine Tochter Roberta war eins der Kinder, die in der
  Demonstrationsklasse eingeschrieben waren. San Francisco Chronicle,
  5. August 1915.

Dann gab es die Eröffnungsrede, gefolgt von einer
Vorführung. Ich sprach eine Stunde lang. Die Menschen
begannen, auch die benachbarten Säle zu füllen. Danach
kehrte ich am Arm meiner Begleitung in die Empfangshalle
zurück, wo das Publikum in Reihen geordnet eintrat und
mir einer nach dem anderen vorgestellt wurde. Dann führte
man mich durch das Gebäude. Meine Begleiter folgten
uns. Man berichtete mir von der Geschichte des Staates
Massachusetts, dem ältesten und dem intellektuellsten, dem
Athen der Vereinigten Staaten.

Alle Blumen, die mir geschenkt worden waren, lagen
bereits in dem Wagen, der am Ende der Außentreppe
wartete. Belgeitet wurde ich von meiner Eskorte, gefolgt
von hochrangigen Herren im Frack: den Offiziellen der
Ausstellung. Ich habe vergessen, Dir zu sagen, dass sich die
Menge (das neugierige Publikum) draußen teilte, um mich
zum Wagen gehen zu lassen.

Der Montessori-Tag wurde wegen eines noch wichtigeren Ereignisses aufgeschoben: wegen eines Montessori-
Kongresses, auf dem die bedeutendsten Persönlichkeiten
der Vereinigten Staaten sprechen werden, darunter der
Premierminister (Innenministerium), Seine Exzellenz
Claxton. Solche Ereignisse werden nicht nur in den Vereinigten Staaten, sondern auch in anderen Ländern wie
Argentinien und Kuba, mitverfolgt. Sie wollen vor allem
erfahren, welche Meinung sich die Pädagogen der Welt
während der Ausstellung über meine Methode gebildet
haben (vierzigtausend Pädagogen haben sich für die später
im August stattfindende Bildungstagung angemeldet),
um dann Dr. Montessori in ihre Länder zu entführen. In
Argentinien gibt es ein kleines Projekt zur Einrichtung von

eintausend Schulen!!! Es ist absurd. Verrückt. Lasst uns klar denken und nicht die Kontrolle verlieren, bitte. Die Rosen werden blühen, aber zwischen Samen und Blüte liegt die Hand Gottes.

Nach diesen Worten (wie es der unvergessliche Cianchettini ausdrücken würde) umarme ich dich. Hör zu, Papa, um all diese Dinge tun zu können, muss ich wissen, dass Du auf Dich aufpasst und gewissenhaft auf den Arzt hörst. Sei gut, als wäre ich da. Ich zähle bereits die Tage bis zu meiner Rückkehr. Sei stark! Bitte tue, was sie Dir sagen, um meinetwillen, lieber Papa. Vergiss nicht, dass ich Dich liebe und dass Du für mich gesund bleibst.

Deine

M.

Der San Francisco Chronicle *vom 4. August 1915 berichtete:*
,*Das Montessori-Kinderhaus wird heute eröffnet*

*Heute Morgen beginnen dreißig Kinder im Alter von vier
bis sechs Jahren in einem Miniatur-Klassenraum von Madame
Montessori im Palast der Bildung damit, vier Monate lang die
Auswirkungen des berühmten italienischen Erziehungssystems
zu demonstrieren. Die Kleinen hatten zuvor noch nie einen
Kindergarten besucht.*

*Die Kinder erhalten die gleiche Erziehung, wie sie Madame
Montessori in ihrer Heimat lehrt. Sie selbst wird die Kinder mit
Hilfe von Dolmetschern unterrichten.*

*Der Klassenraum ist vom Hauptgeschoss des Gebäudes aus
erhöht und mit Glas umhüllt, so dass man die kleinen Kinder
jederzeit beobachten kann.‘*

Am 5. August 1915 schrieb die San Francisco Chronicle*:*
,*Der Erfolg der Montessori-Theorie wurde fast schon in
der ersten Sitzung nachgewiesen. Die Kleinen stürzten sich in
die Arbeit, als wären sie bereits vorbereitet worden. Madame*

Montessori versuchte zunächst, sie mit der Umgebung vertraut
zu machen. Die beobachtende Menge scheint den Kindern nichts
auszumachen.

In der Mittagspause bekamen die Kinder ein leichtes Mit-
tagessen, spülten dann das Geschirr und sortierten die Dinge
wieder richtig ein … Mit der Ausbildung des kindlichen Geistes
wurde begonnen, indem sie lediglich Anregungen bekamen. Die
Details, wie etwas zu tun ist, wurden ihrer eigenen Phantasie und
Initiative überlassen.'

Geschrieben auf einem Papier mit dem Briefkopf:
Montessori-Ausbildungskurs
Panama-Pazifik-Ausstellung, San Francisco
August – September – Oktober – November

Büro von Montessori

San Francisco, 11. August 1915

Mein liebster Papa,

ich füge ein kleines Foto bei, das Dich hoffentlich an das
Foto von vor vielen Jahren erinnert, auf dem ich mit meinen
Kommilitonen an der Technischen Hochschule auf Knien
sitze.[73] Nach so vielen Jahren (Du wirst vielleicht sagen,
dass es gar nicht so viele waren, nur wenige, kaum einund-
dreißig oder zweiunddreißig) sieht man hier in der alten
Frau (entschuldige bitte, ich meine: im vollentwickelten
Mädchen) die Gesichtszüge des Kindes, das es einmal war.
Und mit ihr im Hinterkopf küsse ich Deine Nasenspitze,
weil ich zwei Tage lang nichts von Dir gehört habe. Heißt

---

73 *Leider wurde keines der beiden Bilder gefunden.*

das: Keine Nachrichten sind gute Nachrichten? Ich wünsche
Dir viel Gesundheit!

Ich arbeite wie ein Hund (das Geschlecht ist jedoch
falsch), um drei oder vier Reden für die sozialen und
pädagogischen Konferenzen im August vorzubereiten.
Eine Rede ist für die Eröffnung des Kongresses, eine für
die Nationale Vereinigung der Kindergärten und eine
für die Grundschulen. Abschließend werde ich auf einem
Sozialkongress über das Verhältnis zwischen Mutter und
Kind sprechen.

Das kommt zu den Artikeln hinzu, die ich für verschiedene Zeitungen schreiben muss und natürlich zu meiner
Arbeit für den Ausbildungskurs![74]

Wir sind bei ausgezeichneter Gesundheit. Wirklich.
Mario hat gute Englischkenntnisse und geht zur Berlitz-
Schule. Wir alle arbeiten sehr hart. Es ist ein entscheidender
Kampf. Doch selbst wenn wir verlieren, werden wir es
überleben. Also bitte mache Dir keine Sorge. Viele, viele
Grüße an alle.

Lieber Enrichetto, ich werde Dir nächste Woche schreiben. Entschuldigung.

Grüße an Donna Maria, Donna Sofia, die Kinder, die
freundlichen Fancello-Schwestern, unsere Freunde Bruni,
Brunelli und Camp.

Alles Liebe an meinen Papa,

Maria

74 *Robert G. Buckenmeyer berichtet in den* Kalifornischen Vorträgen von
Maria Montessori *(1915), dass Montessori zwischen dem 9. August und dem
1. Oktober 1915 eine Serie von 24 Artikeln für den* San Francisco Call and
Post *und zwischen dem 5. August und dem 2. September 1915 neun Vorträge
für* L'Italia *eingereicht hat. Alle diese Artikel wurden in* The California
Lectures, *p. 251 ff. aufgenommen.*

Geschrieben auf einem Papier mit dem Briefkopf:
Montessori-Ausbildungskurs
Panama-Pazifik-Ausstellung, San Francisco
August – September – Oktober – November

Büro von Montessori

San Francisco, 13. August 1915

Mein lieber, freundlicher Papa,

kein Telegramm, also geht es Dir besser. Ich möchte Dir
schreiben und nicht noch einen Tag vergehen lassen,
aber ich habe wenig zu sagen. Die Tage vergehen sehr
schnell und sind voller Arbeit. Täglich gibt es ein paar neue
Anmeldungen. Das *Casa dei Bambini* auf der Ausstellung
ist überlaufen. Sie wollen für den Nachmittag eine weitere
Gruppe eröffnen, so dass während der Öffnungszeiten
der Ausstellung immer eine in Aktion ist. Darüber hinaus
wird ein *Casa dei Bambini* in Oakland, einem sehr schönen
und wohlhabenden Vorort von San Francisco, eröffnet.
Es wird für Miss Moore[75] sein, da es sich nahe des großen
Bildungskongresses befindet. Ein weiteres wurde in einem
Arbeiterviertel von San Francisco eröffnet. Und noch zwei
weitere sollen eröffnet werden: eines in der Pädagogischen
Hochschule von San Francisco und eines in einem Neben-
gebäude der Universität.

Wir wurden darüber informiert, dass das *Casa dei Bambini*
bei der Pädagogischen Hochschule von San Diego sehr

87

---

75 *Für die Dauer des* NEA *Kongresses ist eine Demonstrationsklasse vom 16. bis
28. August für 30 Kinder mit Platz für 500 Zuschauer geöffnet (*Oakland
Tribune *vom 14. August 1915).*

gut anläuft und bei vielen Menschen Interesse weckt. Der Direktor der Schule wird auf dem Montessori-Kongress sprechen.[76]

Ich bin mit den drei Reden für die verschiedenen Kongresse fertig. Sie werden gerade übersetzt. Maccheroni hat mir geschrieben, dass bei ihr alles sehr gut läuft. Brasilien zeigt sehr viel Interesse und versucht, sie davon zu überzeugen, dorthin zu gehen. Genau wie es die kubanische Regierung hier bei mir versucht. Der Konsul von Brasilien ermutigt Maccheroni, in sein Land zu kommen, das nicht weit entfernt ist. Sobald sie in Buenos Aires angekommen sind, dauert es nur noch fünf oder sechs Tage mit dem Zug. Es ist nur einen Katzensprung entfernt.

Aus England erhalte ich auch von Bang ermutigende Briefe.[77] Er schreibt, dass er mit Menschen ähnlicher Interessen in Kontakt steht, dass er daran arbeitet, den nächsten Ausbildungskurs zu organisieren und eine große Gesellschaft gründen will.

Das Einzige, was wir brauchen, ist, dass Papa gehorcht und es ihm gut geht: Du solltest Lebensmittel vermeiden, die Dir nicht bekommen, und Du solltest gut aussehen, wenn ich nach Rom zurückkehre.

M.M.

---

76 *Dr. Edward L. Hardy.*
77 *C.A. Bang, Mitarbeiter von William Heinemann, dem englischen Verleger von Montessori, war als Manager von Montessori, Organisator der englischsprachigen Kurse von Montessori und ihr offizieller Sprecher in der Korrespondenz mit der Presse, die er als „Bevollmächtigter von Dr. Montessori" in London unterzeichnete.*

Der Kongress der National Education Association *wurde
am 16. August eröffnet. Einige Schlagzeilen fanden sich in der*
Oakland Tribune *vom 15. August 1915:*
*‚Die **National Education Association** eröffnet morgen
großen Kongress – Sechzehntausend Pädagogen beginnen
morgens mit den Veranstaltungen – die weltbesten Pädagogen
sind gekommen.'*

*Es waren sicherlich viele Pädagogen anwesend, die Montessoris
innovativen Ideen zur Erziehung unterstützen und sich aktiv an
den Friedens- und Frauenbewegungen beteiligten. Es war sehr
schade, dass Montessori damals kein Englisch sprach, denn sie
hätte mit vielen Gleichgesinnten Gedanken austauschen können.*   *89*

[16. August 1915]

Liebster Papa,

ich schicke Dir diese Broschüre in aller Eile. Heute, am
16. August, fand die Eröffnungsfeier dieses riesigen, internationalen, pädagogischen Kongresses statt. Tausende
von Pädagogen zwängten sich in das unglaublich große
Auditorium, mit Sitzreihen, die bis zur Decke reichten
und mit Fahnen verziert waren. Es war unmöglich, dass die
Sprecher vom gesamten Publikum gehört werden konnten.
Unzählige Kopien meiner Rede wurden so gedruckt, dass
jeder eine in der Hand hielt. Junge Menschen mit großen
Ansteckern verteilten sie großzügig.

Die Bildungsbeauftragten, darunter Premierminister Claxton, waren anwesend. Zuerst wartete ich in einer Art Kabine. Und dann (nachdem die Musik aufgehört hatte) wurde ich auf die große Bühne begleitet, auf der der Minister etc. saßen. Als ich ohne vorgestellt zu werden auf der Bühne erschien (sie brachten mich lediglich an meinen Platz), gab es einen riesigen Applaus. Es war offensichtlich, dass das Publikum sehr interessiert war. Bevor ich anfing zu sprechen, waren die Gänge noch leer gewesen. Aber als meine Rede angekündigt wurde, drang eine neue Menge in den Zuschauerraum ein. Man überreichte mir einen riesigen Rosenstrauß, ein Geschenk der *National Educational Association*. Als ich mit der Hälfte fertig war, verließ das halbe Publikum den Saal. Der Delegierte aus Frankreich sollte als nächstes sprechen.[78]

---

78 *Das Programm des Eröffnungstages des Kongresses, das in der* Oakland Tribune *vom 15. August veröffentlicht wurde, erwähnt keine Rede des französischen Delegierten, der eine sehr interessante Person war. Ferdinand Buisson (1841–1932) war ein französischer Philosoph, Pädagoge und Politiker. Als ehemaliger Direktor der Kindergärten in Frankreich war er in Oakland der offizielle Vertreter des französischen Ministeriums für öffentliche Bildung. In Frankreich hatte er sich geweigert, Philosophie zu unterrichten, weil er lieber mit den ärmsten Kindern in Paris arbeiten wollte. Er war Leiter eines Waisenhauses und ein Befürworter des Wahlrechts für Frauen. Er war einer der Gründer der Französischen Liga für Menschenrechte (1898) zur Verteidigung von Alfred Dreyfus. Von Beginn an war im Völkerbund engagiert. Nach dem Ersten Weltkrieg wurde der Friedensnobelpreis 1927 gemeinsam an Ferdinand Buisson und den Deutschen Ludwig Quidde verliehen, weil sie die Arbeit zur Herstellung friedlicher Beziehungen zwischen den Nationen und zur Neuausrichtung der öffentlichen Meinung geleitet hatten.*

Maria Montessori mit dem französischen Delegierten Ferdinand Buisson

Es war ein echter Triumph und hat die lange Reise völlig
wettgemacht, aber nicht – niemals – die Trennung von
meinem Paparino.

Ich und Mario wollen unbedingt abreisen, um so schnell
wie möglich zurückzukehren – je früher, desto besser. Ich
werde nicht mehr zwei Monate bleiben, sondern kommen,
sobald ich alles vorbereitet habe, um wieder bei meinem
Papa zu sein. Kopf hoch!

Maria

Notizen über Alessandro Montessoris körperliche Verfassung

*Der letzte Brief deutet darauf hin, dass sich Alessandro Montes-
soris Gesundheitszustand verschlechterte und dass Montessori nach
Hause zurückkehren wollte. Am 18. August 1915 erhielt sie von
einer der Fancello-Schwestern das folgende Telegramm.*

Montessori – San Francisco

Zunehmende Schwäche – zeitweise leichtes Fieber – ruhig –
liebevoll – wenig Bewusstsein – sehr kurze klare Momente.
Ausgezeichnete Pflege. Arzt befürchtet nun unerwartete
Schwäche – werde telegrafieren.

Fancello

Maria Montessoris telegrafierte Antwort auf Französisch:

Fancello

Besorgt – neueste Nachrichten körperlich-gesitigen Zustan-
des des geliebten Vaters

Montessori
18. August

Postkarte von Maria Montessori an
Cav. Alessandro Montessori
Via Conte Rosso 25, Roma (Italien)

[Kein Datum, ca. 25. August 1915. Poststempel erhalten:
Rom, 23. September 1915]

Ich hoffe, dass ich hier viel erreichen kann. Es gibt drei
Ziele:
die Arbeit an der zentralen Regierung – die Gründung einer
großen Organisation, die auch das didaktische Material[79]
einschließt – die Gründung einer Zeitschrift!
Die Erwartungen sind sehr hoch, lieber Papa.

93

---

79 *Montessori hat vielleicht über eine Möglichkeit nachgedacht, das Monopol des*
Materialherstellers „The House of Childhood" loszuwerden.

Die Oakland Tribune *vom 28. August 1915:*

‚Madame Montessori spricht über den eigenen Kongress
*Maria Montessori war die Hauptrednerin des Kongresses, der auf
dem offiziellen Programm der National Education Association
stand, ein „Montessori-Kongress", der heute im Ballsaal des
Oakland Hotels stattfand. Dr. Jordan*[80] *führte den Vorsitz und
der Bildungsbeauftragte der Vereinigten Staaten Claxton hielt
die Begrüßungsrede. Weitere Referenten waren E.L. Hardy von
der Pädagogischen Hochschule in San Diego und Arthur H.
Chamberlain, Sekretär des California Council of Education. Am
Nachmittag fand eine Diskussionsrunde über die Kindergar-
tenarbeit von Madame Montessori statt. Die Teilnahme erfolgte
ausschließlich auf Einladung.'*

94

*Montessoris damalige Rede mit dem Titel „Biologische Freiheit
und die psychische Entwicklung des Kindes" findet sich in den
"Kalifornischen Vorträgen", 1915.*

---

80 *David Starr Jordan (1851–1931) war ein führender Zoologe auf dem Gebiet
des Studiums der Fische, Erzieher und Friedensaktivist. Er war
Gründungspräsident der Stanford University. Von 1914–1915 war er Präsident
der National Education Association und von 1910–1914 Präsident der
World Peace Foundation. Er war außerdem ein engagierter Schriftsteller.*

Geschrieben auf einem Papier mit dem Briefkopf:
Montessori-Ausbildungskurs
Panama-Pazifik-Exposition, San Francisco
August – September – Oktober – November

Büro von Montessori

San Francisco, 29. August 1915

Mein liebster Papa,

die Briefe, die ich kürzlich erhalten habe, geben tröstende
Nachricht über Deine Gesundheit. Es ist für mich erleich-
ternd zu wissen, dass das Schlimmste vorüber ist. Aber
es berührt mich, daran zu denken, dass Du gelitten hast,
während ich so weit weg war. Mein Paparino! Ich bin 45
Jahre alt und musste mich nie wegen einer Krankheit um
Dich kümmern. Ich habe Dich nie lange alleingelassen
und Du warst nie krank. Und jetzt, mein armer Papa,
bist Du ohne mich. In meinen Gedanken sah ich Deinen
ehrwürdigen Kopf auf dem Kissen liegen und ich wollte
Dich küssen. Ich sah Deine beiden lieben Hände auf dem
Laken liegen, wollte sie in meinen halten und Dich pflegen.
Wie gerne hätte ich tausend Augen um Dich herum, damit
es Dir an nichts fehlt. Aber mich tröstet der Gedanke, dass
Du von so vielen guten Freunden umgeben bist. Sie werden
nie auch nur erahnen, wie viel Trost sie mir damit gegeben.
Und Du, Papa, solltest wissen, dass sie sich mit einer Liebe
um Dich kümmern, die viel tiefer geht als das, was sie Dir
zeigen können.

Als Miss Pyle hörte, dass Du krank bist, nahm sie ihre
Brosche mit neun wunderschönen Brillanten und zerbrach

sie. Außerdem nahm sie ihr Armband mit Brillanten und einer sehr großen schwarzen Perle ab und legte all diese Juwelen beiseite, um sie auf einen Altar zu legen. Seit diesem Tag tragen weder sie noch ich Schmuck.

Diese impulsive Geste war wie ein Sturm der Liebe, der Dich erreichen musste – den ganzen Weg über den Ozean und die Wüste hinweg, der uns voneinander trennt. Möge Dir diese Liebe etwas Erleichterung und eine gute Besserung bringen!

Ich war so besorgt, dass ich alles absagen und zu Dir eilen wollte. Aber als ich mich nach Schiffen erkundigte, die von New York aus ablegen, sagte man mir, dass es bis September keine freien Plätze gäbe (wenn man bedenkt, dass die Reise sehr lang gewesen wäre). Die Reiseagentur warnt vor den zunehmenden Gefahren auf See, nicht durch die Natur verursacht, sondern durch die Feindschaft unter den Menschen. Wer weiß schon, welche Geheimnisse über diesem tragischen Moment in der Geschichte der Menschheit schweben.

Ich schicke Dir diesen Brief heute, ohne wirklich zu wissen, was ich tun soll. Aber in meinen Telegrammen bitte ich inständig um die Unterstützung und das Mitgefühl unserer Verwandten und Freunde. Ich bin unendlich dankbar für alles, was sie tun, um Deinen Schmerz zu lindern – und meine Abwesenheit.

In der Hoffnung, dass Du bei besserer Gesundheit bist, wenn dieser Brief bei Dir ankommt – sicherlich bevor ich es bin –, möchte ich Dir etwas sagen, das Dich aufmuntern wird.

In Oakland (in der Nähe von San Francisco, eine Stunde mit Straßenbahn und Fähre entfernt), wo die internatio-

nalen Kongresse anlässlich der Weltausstellung abgehalten
werden, gab es einen „Montessori-Kongress". Dein Name,
Papa mio, tauchte unter den aus aller Welt kommenden
Teilnehmern nicht auf: Japaner, Chinesen, Inder, Australier,
Afrikaner, auch Europäer (aus Frankreich, Portugal, den
Niederlanden), vor allem aber Südamerikaner (Guate-
mala, Brasilien, Panama usw.). Wie gesagt, Dein Name
tauchte unter den Namen der Amtsträger, der Vertreter
der verschiedenen Länder usw. nicht auf. Er steht jedoch
im Titel des „Montessori-Kongresses". Es war unter den
vielen Kongressen der einzige, der einen Eigennamen im
Titel hatte. Dieser Eigenname, hier an der Pazifikküste,
unter der steifen Brise des Ozeans, der Amerika von China
trennt, war Dein Name, mein Papa! Wer weiß, warum das
Schicksal entschieden hat, dass Du, während Dein Name
hochgehalten wurde, nicht als Prinz gesegnet wurdest,
der die Pfaue der Villa Cocchi beobachtet. Ich wünschte
es mir so sehr. Stattdessen warst Du krank im Bett mit den
beunruhigenden Gedanken, allein zu sein und dem starken
Schmerz, mich weit weg zu wissen.

Der Kongress in Oakland: In der Halle und den
Nebenräumen waren etwa 600 Teilnehmer dicht gedrängt.
Der prächtige Ballsaal des Oakland Hotels, in dem die feier-
lichsten und besten Treffen stattfanden, gab dem Kongress
noch mehr Glanz. Die Referenten wurden auf einer mit
Pflanzen geschmückten erhöhten Bühne am anderen Ende
des Raumes empfangen. Die Studenten, die gerade den alten
Kurs beendet hatten, waren gerührt. Ich muss sagen, dass
sie viel mehr verstanden haben als die Studenten anderer
Kurse. Und jeder von ihnen ist ein agiler und erleuchteter

Apostel. Viele Erzieherinnen des Kindergartens waren erwartungsvoll ebenfalls anwesend.

Das Treffen wurde von Dr. Jordan eröffnet. Er ist als Präsident[81] der *National Education Association* eine sehr angesehene Person. Unter Pädagogen braucht man nicht viel über ihn zu sagen. Die NEA ist die nationale Pädagogen-Vereinigung der Vereinigten Staaten. Dr. Jordan leitete den Montessori-Kongress. Seine Exzellenz Claxton war unerwartet entschuldigt. Aber er ließ den Text seiner Rede in seinem Namen von einem offiziellen Vertreter der Regierung aus Washington verlesen.[82] Claxton teilte uns mit, dass es angebracht sei, dass die US-Regierung beim Kongress vertreten ist und erkennt, dass die Montessori-Methode genau das ist, was das freie, demokratische Volk der USA braucht. Seine Rede war ein langer Appell dafür, genau dies wahrzunehmen. Er sagte, dass alle Völker darauf ansprächen, und eben darum ginge es in der Demokratie. Die Staaten reagierten darauf, weil ein ernsthaftes Bildungsproblem wissenschaftlich gelöst werden würde. Eine Wissenschaft, die in der Praxis Freiheit und den Einsatz innerer Kräfte bietet. Das sei es, was das amerikanische Volk bräuchte. Nach dieser feierlichen Einweihungsrede, quasi durch die Regierung, begannen viele Studenten zu weinen. Alle Gesichter waren zutiefst gerührt.

---

81 *Technisch gesehen war David Starr Jordan nicht mehr Präsident der NEA, da Dr. David B. Johnson am 19. August 1915 in das Präsidium gewählt worden war.*

82 *Samuel P. Capen war zwischen 1914 und 1919 ein Hochschulspezialist für das US Bureau of Education.*

Dann sprach Hardy[83]. Er wird in der Bildungswelt hochgeschätzt und als Präsident der Pädagogischen Hochschulen vertritt er die Institutionen, die in Amerika Lehrer ausbilden. Er sagte, dass das junge amerikanische Volk eine Art von Gesellschaft geschaffen habe, die außer Kontrolle gerät, in der Theorie und Praxis verspielt würden. Bildung basiere nur auf zwei Dimensionen. Jetzt wäre vom alten Kontinent, vom alten Europa, eine dritte Dimension in Amerika angekommen: Die Montessori-Methode. Er hat sich mit der Methode auseinandergesetzt und hatte eine M.-Klasse in seinem Lehrerausbildungsinstitut. Er ist davon überzeugt, dass es dem amerikanischen Volk etwas völlig Neues bringen würde. Es wäre das, was es braucht. Seine recht lange Rede wurde sehr oft durch Applaus unterbrochen. Sein Beharren auf der Notwendigkeit, diese dritte Dimension für das Leben, für den Fortschritt, für die Struktur zu berücksichtigen, wurde vom Publikum begeistert aufgenommen.

Am Ende sprach ich über das biologische Konzept der Freiheit. Ich sagte eine Menge Dinge. Das Publikum hörte nahezu andächtig zu und applaudierte häufig. Wir alle fühlten uns durch ein gegenseitiges Verständnis, ein tiefes und aufrichtiges Gefühl, wie es in einem feierlichen Moment im Leben zu spüren ist, eng miteinander verbunden. Es schien wie ein Sieg, eine Bestätigung, eine öffentliche Anerkennung der Methode.

---

83 *Dr. Edward L. Hardy war ein fortschrittlicher Erzieher und Präsident der Pädagogischen Hochschule in San Diego. Er glaubte, dass Lehrer breit ausgebildet werden müssten, damit sie helfen könnten, Schüler auf das Leben vorzubereiten. Er drängte auf eine vierjährige Lehrerausbildung und änderte das Curriculum, um neue sozialwissenschaftliche Kurse sowie Anthropologie aufzunehmen.*

Es ist ein entscheidender Moment, der ergriffen werden muss, damit er uns nicht aus den Händen gleitet. Für die Bewegung in Amerika ist es ein psychologischer Moment. Wenn Amerika beharrlich bleibt und ich bei dieser Initiative mitarbeiten kann, werden alle Länder mitgerissen. Bevor Claxton ging, haben wir uns lange unterhalten. Das Einzige, worum sie bitten, ist die Frage: „Wie können wir das umsetzen?". Es scheint der Moment zu sein, in dem sich eine Flüssigkeit verfestigt und ein Kristall bildet. Was wird wohl morgen passieren? Es scheint, als läge es in Gottes Händen. Ich warte es sorgsam ab.

Maria Montessori mit einem Mädchen bei der Ausstellung in San Francisco

Es ist ein harter Kampf, den ich führe – in vielerlei Hinsicht ein Opfer, seitdem ich hier angekommen bin. Aber das größte Opfer in dieser Situation wurde von meinem lieben Papa gebracht.

Mein lieber, süßer, sanfter Papa. Du hast viel für mich getan, seit Du mich – ein kleines Mädchen – zum Einschlafen in Deinen Armen gehalten und Schlaflieder gesungen hast. Und als ich weitaus älter war, hast Du mich damit unterstützt, dass Du mir alles gegeben hast, was Du hattest. Und Du hast alles dafür gegeben, dass ich nach meinem Studium der Medizin noch weitere sechszehn Jahre lernen konnte. Du hast nie Fragen gestellt, sondern wolltest immer nur, dass ich glücklich bin. Lieber Papa, mit Deinem ehrwürdigen, schneeweißen Haar und Deinem großzügigen, ehrlichen und treuen Herz küsse ich Dich in der Hoffnung, dies bald wieder tun zu können, wenn es Dir besser geht. Ich hoffe auch, dass ich alles wiedergutmachen kann und Dir Zufriedenheit und Trost gegeben habe.

Dein kleines Mädchen,

Maria

FEUER

[Kein Datum, 4. September 1915]

Meine Lieben,

unter den vielen Besonderheiten dieses Landes gibt es etwas
Schreckliches, das ich euch noch nicht beschrieben habe:
die Feuer. In den Vereinigten Staaten sind Brände sehr
gefürchtet, denn sie sind oft die Ursache tödlicher Unfälle.
Für den Fall eines solch schrecklichen Ereignisses haben
alle Häuser außen Metallleitern, die sich vom Dach bis in
den ersten Stock erstrecken – sie sind sofort benutzbar.
In Hotels bleiben Tag und Nacht kleine rote Lichter ein-
geschaltet. Unter ihnen ist das Zeichen einer Hand, die
durch ein Fenster in Richtung der Feuerleiter zeigt. Und
mit großen Buchstaben steht *Feuer* darunter. Es gibt überall
Feuerlöscher. In Kinos, Theatern usw. gibt es zwischen
den Sitzplätzen breite Gänge, die von Aufsehern bewacht
werden. Sie achten darauf, dass diese Gänge frei bleiben,
damit im Falle eines Brandes Menschen fliehen können.
Ab und zu kommt die grauenvolle Nachricht, dass es ein
Feuer gegeben hat! Vor etwa einer Woche ereignete sich
eine schreckliche Tragödie. Ganz San Francisco spricht
davon: Ein Feuer zerstörte ein Haus. Eine Mutter und drei
ihrer Kinder kamen um. Eines der Kinder, eine Dreijährige,
gehörte zu uns.[84] Sie war ein rosiges Energiebündel und bewegte sich in unserer gläsernen Klasse auf der Ausstellung,

84 *In* The News *vom 28. August 1915 heißt es, dass Frances Warren Pershing,*
   die Ehefrau von Brigade-General John J. Pershing, und drei ihrer vier Kinder

dem Casa dei Bambini, umher. So wurde unsere schöne kleine Gruppe von unsäglicher Traurigkeit heimgesucht. Diese Holzhäuser ...

Ich schlief tief und fest, als Miss Pyle mich heute mitten in der Nacht weckte: „Dottoressa, ein Haus in unserer Nähe steht in Flammen.". Wir standen alle auf, denn wir wussten nicht, wohin der Wind die Flammen treiben würde. Es war zwei Uhr. Wir zogen uns im Handumdrehen an und steckten das Geld in unsere Handtaschen. Aus dem Fenster sahen wir ganz in der Nähe hoch in den Himmel ragende Flammen. Die Sirenen der Feuerwehrwagen heulten auf und machten einen gewaltigen Lärm, um alle zu mobilisieren. Schon jetzt war eine große Menschenmenge auf der Straße. Als wir aus unserer Tür gingen, sahen wir genau vor uns das Folgende: Das Dach und das Dachgeschoss eines großen Hauses standen in Flammen. Die Flammen knisterten bedrohlich. Das Haus brannte, als wäre es aus Papier. So ein Schrecken! Der erste Gedanke, der mir in den Sinn kam, ging an die Menschen ... Alle in Sicherheit!!! Es ist ein Waisenhaus. Die Nonnen und die Kinder kamen der Reihe nach heraus. Man kümmerte sich um sie. Sie waren gerettet. Gott sei Dank! Es ist ein immer wiederkehrendes, schreckliches Schauspiel der Zerstörung. Mein Herz klopfte. Ich war von einer tiefen Traurigkeit überwältigt: Papas Zustand, der Krieg, alles schien durch dieses Feuer hervorgebracht zu werden. Mario fragte: „Hörst Du Schreie?" Ja, ich nahm Schreie wahr, nur für einen kurzen Moment, aus dem Haus, in dem die Flammen wüteten. Aber bei all

103

bei einem Brand in ihrem Viertel in Presidio, einem Militärstützpunkt in San Francisco, erstickten. Mary Margaret, das Mädchen, über das Montessori schreibt, und ihre Schwestern Helen und Anne starben bei dem Feuer, während ihr Bruder Warren gerettet werden konnte.

dem Lärm, dem brennenden Feuer, den Lastwagen, den Pumpen, wer könnte das beschwören? Dein Herz will sagen: „Nein, ich habe nichts gehört."

Wir setzten uns im Park unter die Bäume, wo wir zweieinhalb Stunden sitzen blieben. Dann standen wir auf und gingen umher. Um fünf Uhr war das Feuer gelöscht und alle gingen nach Hause.

Eine Sache beeindruckte uns allerdings: die Feuerwehrmänner. Sie betraten das Haus, das zu einem großen Teil intakt geblieben war. Lediglich das Obergeschoss war auf beiden Seiten zerstört worden. Alles andere war unversehrt. In den unbeschädigt gebliebenen Fenstern hingen noch die unversehrten Vorhänge. Die Feuerwehrmänner gingen ins Haus. Ihre Fackeln erhellten das gesamte Gebäude. Was machen sie da drin? Ich dachte, sie suchen vielleicht nach kleinsten Spuren von Restfeuern. Aber dann wurde uns gesagt, dass ein Kind vermisst wird ... Um sechs Uhr hörten wir, was passiert war. Zu schrecklich, um es in Worte zu fassen. In dem Teil des Hauses, aus dem die Schreie zu kommen schienen waren, wurden drei Kinder gefunden. Sie lagen auf einem Bett und hielten sich fest. Und der Körper eines anderen saß noch auf einem Stuhl. Das Letztere wurde als armes blindes Kind identifiziert, das ebenfalls im Waisenhaus gelebt hatte. Auf der anderen Seite des Hauses wurde ein weiteres zu Tode verbranntes Kind aufgefunden. Fünf Kinder waren im Haus.[85]

---

85 *Der* Muskogee Times-Demokrat *vom 4. September 1915 berichtete: „Am frühen Morgen zerstörte ein Feuer das St. Francis Mädchen-Kolleg, ein katholisches Waisenhaus, mit dem Verlust von mindestens fünf Leben. Als man die Flammen entdeckte, wurden die Kinder aus dem Gebäude geführt. Es wurde angenommen, dass alle dem Feuer entkommen konnten. Die erste Durchsuchung der Brandruine ergab jedoch fünf Leichen." Alle toten Kinder waren Mädchen.*

Das macht uns heute so unendlich traurig. Wir wurden von einem erdrückenden Gefühl des Entsetzens überwältigt – was für ein schreckliches Leiden! Grauenvoll! Die Angst vor dem Feuer, die die Amerikaner inzwischen so gut kennen, erschüttert auch unser Blut und der „Schrecken" der Nation ist zu unserem geworden. Aufgrund dieses Brandes sind wir zu Amerikanern geworden.

Jetzt höre ich mit diesen Schilderungen auf. Und bitte sagt nichts zu Papa, denn jede Aufregung verärgert ihn. Ich werde ihm morgen schreiben und ihm von den Empfängen berichten, die immer häufiger stattfinden. Ich werde auch einige Fotos schicken, die Papa gefallen werden. Miss Pyle war als kleines Mädchen verkleidet – strahlend und schön, so sehr, dass die Leute anfangen, neidisch auf sie zu werden. Die Studenten des Kurses wollen sich auch als Kinder verkleiden und gemeinsam eine Komödie aufführen, die die alte Schulform mit der Montessori-Schule vergleicht.

Ich umarme euch,

M.M.

Vielen Dank für die gute Nachricht über Papa.

Wenn ich an die Erdbeben und diese Brände denke, merke ich, wie verwundbar das Leben ist.

Ich dachte auch an Kriege und Brände, die von Menschen gemacht werden. Sie sind so viel schrecklicher als die Natur und das Schicksal.

Später werde ich euch Fotos mit den Kindern und ein schönes Porträt von mir in San Francisco schicken.

Silhouetten von Maria Montessori und Adelia Pyle auf der Weltausstellung in San Francisco[86]

---

86 *Baron Scotford, ein talentierter Scherenschnittkünstler, hat auf der Weltausstellung einen florierenden Handel mit den Portraits, die er mit Schere und schwarzem Papier machte, betrieben. Er schnitt in seiner Karriere zwischen den beiden Weltkriegen Hunderttausende von Silhouetten.*

Die folgende Postkarte ist die letzte Nachricht, die Maria Montessori an ihren Vater geschrieben hat.

Cav. Alessandro Montessori
25 Via Conte Rosso, Rom (Italien)

[Stempel: San Francisco, 18. September 1915
Poststempel erhalten: 9. Oktober 1915]

Lieber Papa,

ich denke, dass Du Dich jetzt besser fühlst, da Du wieder auf bist, die Hitze abgenommen hat und Deine Kraft langsam zurückkehrt. Ich wünsche Dir ein langes Leben, Papa.

Der Tod von Alessandro Montessori

Montessori kehrte nicht nach Rom zurück, um bei ihrem Vater
zu sein. Sie schickte stattdessen Anna Fedeli, damit sie sich in den
letzten Wochen seines Lebens um ihn kümmerte. Der Bakersfield
Californian *vom 9. Oktober 1915 berichtete, dass Frau Blanche*
Weill[87] *als Leiterin der Kunstabteilung des Frauenvereins zurück-*
getreten war, um in diesem Winter bei Madame Montessori in San
Francisco zu sein. Es ist möglich, dass sie dies getan hat, um Anna
Fedeli zu vertreten.

Anna Fedeli war bei Alessandro Montessori, als er am 25. No-
vember 1915 im Alter von 83 Jahren starb. Eine Notiz, die unter
Montessoris Papieren gefunden wurde, lautet:

> „Unser geliebter Vater wurde vor einem internationalen
> Publikum in englischer Sprache geehrt. Das Publikum war
> tief bewegt und teilte unsere Trauer und Anerkennung. Heute
> schickten sie Blumen und Briefe."

Die New York Times *vom 5. Dezember 1915 berichtete über*
den Tod von Alessandro Montessori, obwohl die Schlagzeile etwas
irreführend war:

---

87 *Während ihrer Europareise im Jahre 1911 trafen die Schwestern Blanche und*
    Irma Weill Maria Montessori und besuchten ihre Schule. Sie waren von
    Montessoris Lehrmethode dermaßen beeindruckt, dass sie in Europa blieben
    und bei Montessori in Italien studierten. Nach ihrer Rückkehr nach Kalifornien
    eröffneten sie Montessori-Klassen, um die Methode zu verbreiten. Blanche
    Weill war auch eine Schülerin von Alfred Adler.

„Dr. Montessori in Rom gestorben
Dr. Alessandro Montessori, der Vater von Mme Maria Montessori,
der Gründerin der Montessori-Methode zum Unterrichten von
Kindern, starb plötzlich in Rom. Gestern wurde in unserer Stadt
ein entsprechendes Telegramm empfangen. Mme Montessori ist
jetzt auf dem Weg von Kalifornien nach New York und wird so
schnell wie möglich nach Italien zurückkehren."

Entgegen den Informationen dieses Artikels kehrte Maria
Montessori nicht nach Italien zurück. Wahrscheinlich entschied
sie sich so, weil sie nicht rechtzeitig zur Beerdigung angekommen
wäre und nicht das Risiko eingehen wollte, dass Mario zum
aktiven Militärdienst einberufen würde.

Alessandro Montessori wurde neben seiner Frau in einem
Sarkophag in einem Denkmal auf dem Campo Verano, einem
schönen Friedhof mit vielen Kunstwerken im Zentrum Roms,
beigesetzt. Die Grabstelle existiert auch heute noch.
Nur fünf Jahre später starb Anna Fedeli an Tuberkulose und
wurde bei Renilde und Alessandro Montessori beigesetzt.

Begleitet von Mario reiste Maria Montessori am 20. Dezember
1915 nach Spanien, wo sie Anfang 1916 in Barcelona einen
internationalen Ausbildungskurs gab. Anna Maccheroni wartete
in Algeciras auf sie. Anna Fedeli kam aus Rom zu ihnen und zusammen feierten sie in Barcelona Weihnachten. Maria Montessori
kehrte erst Anfang der 1920er Jahre nach Italien zurück.

Die Ausbildungskurse in Kalifornien waren die ersten, gefolgt
von vielen anderen in Ländern der ganzen Welt. Maria Montessori
führte ein nomadenhaftes Leben, das sie als „La Chiamata" [Der
Ruf] bezeichnete. Sie zog dorthin, wo sie zu Vorträgen eingeladen
wurde. Sie hatte keine eigene Schule, keine Modellklasse, kein
Laboratorium, sondern führte das Leben einer Reisenden.

Das Montessori-Grab in Rom

Maria Montessori

Maria Montessoris Reise nach Amerika

Ein privates Tagebuch, 1913. Übersetzung aus dem Italienischen. Herausgegeben im Auftrag der Deutschen Montessori-Gesellschaft e. V.

Das Jahr 1913 war für Maria Montessori sowohl privat als auch beruflich von besonderer Wichtigkeit. In Rom hatte sie den allerersten internationalen Ausbildungskurs organisiert und zugleich ihre erste PR-Reise in die Vereinigten Staaten von Amerika vorbereitet. Privat war es das Jahr, in dem sie sich mit ihrem inzwischen zum Teenager herangewachsenen Sohn Mario wieder vereinen konnte.

Erstmals werden Maria Montessoris Gedanken, Gefühle und Eindrücke, von ihr selbst niedergeschrieben, in deutscher Sprache veröffentlicht. In dem vorliegenden Tagebuch, das Maria Montessori während ihrer Überfahrt nach Amerika Ende 1913 führte, schreibt sie einerseits über die großen Veränderungen, die dieses Jahr für sie brachte, und blickt andererseits voller Erwartung auf ihren Besuch in Amerika und das, was sich für ihre Arbeit daraus ergeben könnte.

Bd. 1, 2019, 76 S., 19,90 €, gb., ISBN 978-3-643-14012-8

LIT Verlag Berlin – Münster – Wien – Zürich – London
Auslieferung Deutschland / Österreich / Schweiz: siehe Impressumsseite

Impulse der Reformpädagogik

hrsg. von Prof. Dr. Harald Ludwig (Universität Münster)

Mario Valle
Montessori-Pädagogik und neue Technologien
Eine mögliche Integration?
Bd. 33, 2019, 182 S., 19,90 €, br., ISBN 978-3-643-14265-8

Ursula Jäger; Jens Clausen
Kinder mit Aussicht
Leben und Erleben des (inklusiven) Alltags in einem Montessori-Kindergarten
Bd. 32, 2016, 216 S., 29,90 €, br., ISBN 978-3-643-13450-9

Horst Klaus Berg
Kinder verändern die Welt
Maria Montessori – Janusz Korczak: Ideen, Praxis, Gegenwartsbedeutung
Bd. 31, 2013, 192 S., 24,90 €, br., ISBN 978-3-643-12171-4

Michael Klein-Landeck (Hg.)
Das Kind im Mittelpunkt
50 Jahre Deutsche Montessori-Vereinigung e. V. Rückblick und Ausblick. Herausgegeben
im Auftrag der Deutschen Montessori-Vereinigung e. V.
Bd. 30, 2012, 312 S., 19,90 €, br., ISBN 978-3-643-11762-5

Michael Klein-Landeck; Claudia Schäfer (Hg.)
Ein Haus für Kinder
Raum für soziale und emotionale Entwicklung
Bd. 29, 2011, 256 S., 19,90 €, br., ISBN 978-3-643-11273-6

Ela Eckert; Ingeborg Waldschmidt
Inklusion: Menschen mit besonderen Bedürfnissen und Montessori-Pädagogik
Bd. 28, 2010, 368 S., 19,90 €, br., ISBN 978-3-643-10740-4

Michael Klein-Landeck (Hg.)
Erzieher – Lehrer – Partner?
Die Rolle des Erwachsenen in der Montessori-Pädagogik. Herausgegeben im Auftrag der
Deutschen Montessori-Vereinigung e. V.
Bd. 27, 2010, 216 S., 19,90 €, br., ISBN 978-3-643-10726-8

Michael Klein-Landeck; Reinhard Fischer (Hg.)
Kinder in Not
Chancen und Hilfen der Montessori-Pädagogik. Herausgegeben im Auftrag der Deutschen
Montessori-Vereinigung e. V.
Bd. 26, 2009, 296 S., 19,90 €, br., ISBN 987-3-643-10387-1

Harald Ludwig; Reinhard Fischer; Michael Klein-Landeck (Hg.)
100 Jahre Montessori-Kinderhaus
Geschichte und Aktualität eines pädagogischen Konzepts. Herausgegeben im Auftrag der
Montessori-Vereinigung e. V.
Bd. 24, 2009, 440 S., 19,90 €, br., ISBN 978-3-8258-1650-6

E. Mortimer Standing
Maria Montessori
Leben und Werk. Neuauflage herausgegeben von Ingeborg Waldschmidt und Ela Eckert
Bd. 23, 2009, 240 S., 19,90 €, br., ISBN 978-3-8258-1622-3

LIT Verlag Berlin – Münster – Wien – Zürich – London
Auslieferung Deutschland / Österreich / Schweiz: siehe Impressumsseite

Dei' ben en[...]

letto fino a mezzogiorno e

[...] la colazione a letto – [...]

riposarmi in questo pola[...]

e ore Dico restore cinque

di' seguito. – Il giorno g[...]

– a diversi giuochi intorn[...]

[...] un sogno – un paese [...]

raccontato!

Tre ore a Chicago, ove le a[...]

avevano preparato un ricov[...]

hotel Blackstone [...]